外事警察秘録《がいじけいさつひろく》

北村滋

Shigeru Kitamura

文藝春秋

はじめに

外事警察を所掌する警察庁外事情報部は、二〇〇四年四月に、同課と国際テロリズム対策課の二課体制で発足した。警察法によれば、同部は、「警備警察に関すること」のうち、「外国人又はその活動の本拠が外国に在る日本人に係るものをつかさどる」と規定されている。しかしながら、当該法条から直ちに外事警察の実相を捉えることは困難である。

外事警察の情報活動や法執行の諸相から、その重要な側面を挙げれば、防諜（Counter Intelligence、ＣＩ）、国際テロリズム対策（Counter Terrorism、ＣＴ）、大量破壊兵器関連物資等の不拡散（Counter Proliferation、ＣＰ）ということになる。

外事警察の歴史は古く、その発足は、日清戦争に勝利した我が国が諸法令を整備し、治外法権の完全撤廃を達成した一八九九年に求めることができる。また、戦後の外事警察は、他の警備公安部門の再生から遅れること数年、一九五二年のサンフランシスコ講和条約発効による我が国の独立回復の年に再出発した。この一事をとっても、外事警察が我が国の国家としての存立及び国益と密接不可分の関係にあることが容易に理解できる。

戦前の外事警察は、国防の一翼を担うべく、敵性国家による諜報謀略活動から我が国の権益を護ることを主任務とし、一九四一年の「ゾルゲ事件」摘発をはじめ、数々の輝かしい成果を収めてきた。

大東亜戦争後、北朝鮮や中国に相次いで共産主義政権が誕生したことから、我が国は、これらにソ連を加えた東側陣営に囲まれ、東西冷戦の最前線に位置することとなった。かかる情勢の中で、戦後の外事警察は、防諜法令が整備されないまま、一般法令を駆使しつつ、ソ連、中国、北朝鮮が関与する諜報事件を多数検挙し、我が国における各国情報機関の対日有害活動の実態を明らかにしてきた。

ベルリンの壁の崩壊後、世界規模での東西対立の構図は消滅したが、冷戦的対立構造が残存する朝鮮半島においては、拉致、核、ミサイルといった我が国の安全保障に直結する諸懸案が存在し、また、台湾海峡を挟んで中台の軍事的対峙が続くなど、極東情勢は依然として緊張に満ちたものである。

二〇〇一年九月一一日に発生した「米中枢同時多発テロ事件」は世界に大きな衝撃を与えた。以降、各国でテロ対策が強化された結果、「イラク・レバントのイスラム国」（ＩＳＩＬ：The Islamic State of Iraq and the Levant）等は、最高指導者を含む幹部等が多数死亡するなど大きな打撃を受けたが、その活動は依然として継続している。

二〇二二年二月二四日に始まったロシアによるウクライナ侵略は、ウクライナ自身の強固な抵抗に加え、国際社会の結束した制裁措置や支援の結果、ロシアは大きな代償を払いつつある。この戦争は、米中の戦略的競争の展開やアジアへの影響を含め、国際情勢に大きな変化をもたらしつつあり、かかる状況は「新冷戦」とも呼ばれる。

かくして、大きく変貌を遂げつつある国際情勢の中、外事警察は、我が国の存立及び国益を護るための任務を密かに遂行し続けている。

一九九二年から九五年までの間、在フランス大使館の一等書記官として、一九九五年から九七年までの間、警察庁警備局外事課及び警備企画課の理事官として、二〇〇四年から〇六年までの間、外事情報部外事課長として、二〇一〇年から一一年までの間、外事情報部長として、二〇一一年から一九年までの間、内閣情報官として、二〇一九年から二一年までの間、国家安全保障局長として、私は足かけ二〇年にわたり外事警察、そして、インテリジェンスに携わってきた。

もとよりこの分野は、保全を本義として多くの情報は開示されることはない。本書は、かかる厳しい制約の中、平成の裏面史を形成してきた外事警察の有り様を、それに実際に携わった者の目を通じて可能な限り伝えようとするものである。

インテリジェンスの現場にあるとき、五感は研ぎ澄まされる。

今でも時折頭を過《よぎ》るのは、カルチェラタン－人の温もりを残す学生向け安宿、防弾仕様のSUVで疾走した早春のベカーヴァレー、ベイルート－月夜に浮かぶ漆黒の廃墟、高麗《コリヨ》ホテル－夜明け前、群青の平壌市街、南山が睥睨《へいげい》する厳寒のソウル、灼熱のバンコク－極彩色の大渋滞、ヴァージニア州マクレーン－風にそよぐ鮮やかな黄葉、ドモジェドヴォ空港－灰色のVIP控室、釣魚台国賓館－巨大なガラス越しに池を望む晩餐会……様々な任務を帯びて目の当たりにしたいくつもの情景である。

外事警察秘録

目次

ベイルートで約一カ月間寝食をともにした盟友M氏が、二〇二二年三月一六日、亡くなった。それは、我々が二五年前オペレーションを終えて帰国した翌日だ。

〝Mission complete!〟 君のはにかんだ笑顔を今も忘れることはない。

本書を、M氏をはじめ国家の存立と国益のために人知れず献身してきた外事警察に携わる全ての職員に捧げる。

第一章 横田めぐみさん「偽遺骨」事件

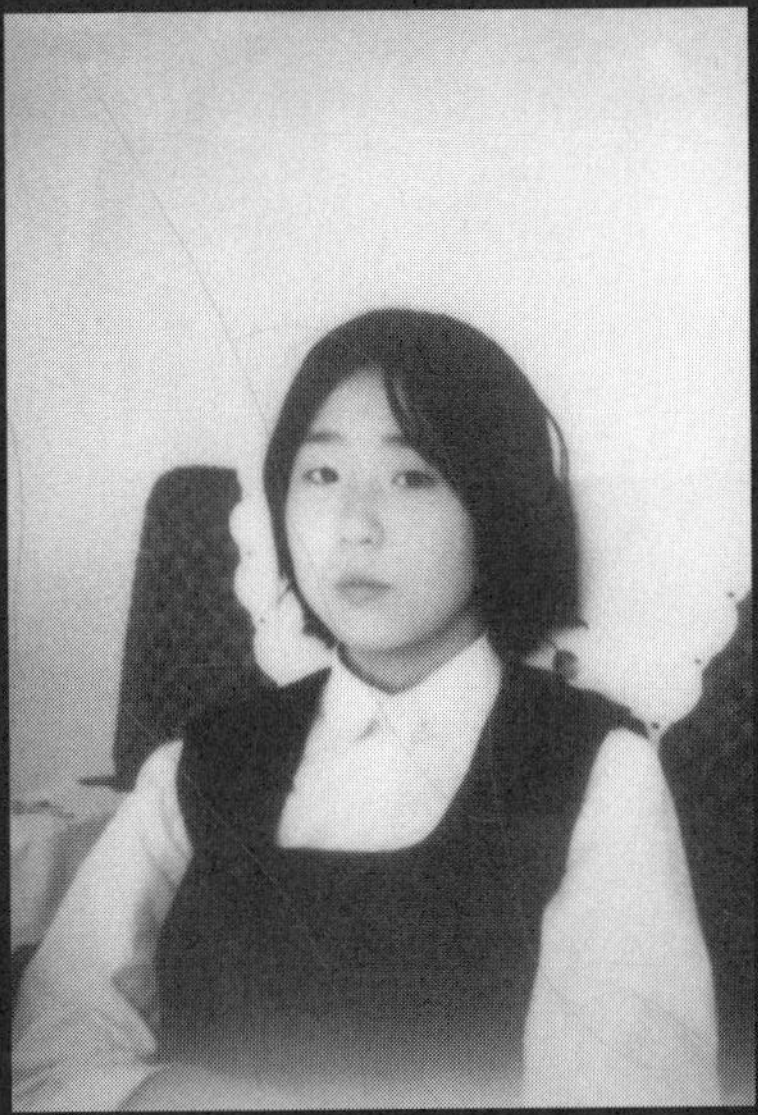

日朝実務者協議で北朝鮮側が提供した横田めぐみさんとみられる女性の写真（共同通信）

一九八〇年四月に警察庁に入庁し、二〇二一年七月、国家安全保障局長を最後に公務員人生にピリオドを打った。四一年余り、私はいかなる仕事をしてきたか――。

例えば、警察庁長官官房、刑事局や交通局で法案を書いた。徳島県・兵庫県警察本部長として県民の安全に責任を負った。警視庁の若き署長として、町の交通安全や防犯の向上に取り組んだ。どの仕事も警察官僚として多くの出会いに恵まれ、思い出深い。

一方、私の経歴にはもう一本の軸がある。

フランスへの留学と大使館出向に始まり、警察庁警備局（外事課、警備企画課、外事情報部長）を経て、国家の安全保障をはじめとする重要政策を左右する内閣情報官、国家安全保障局長に至るインテリジェンスの系譜だ。ここでの経験は、一発の銃弾も撃たず、一滴の血も流れはしないが、まぎれもなく国家の存立と国益をかけた戦場にいたといえる。

世界には独自の価値観に基づき、領土や資源、覇権を求めて国際秩序への挑戦を続ける国々――ロシア、中国、北朝鮮、イランなど――があり、特定の政治目的のために殺傷と破壊を繰り返すテロリストがいる。放置すれば国民の生命、身体、財産は脅かされ、企業の人材、資産は奪われかねない。

これらの脅威に我が国は外交（Diplomacy）、情報（Intelligence）、軍事（Military）、経済（Economy）という四つの機能（ＤＩＭＥ）を統合して立ち向かわなければならない。インテリジェンス・コミュニティの役割は、その戦いを通じて得られた成果、すなわち、国家戦略の立案・実行のための正確な情勢認識と情報を、内閣総理大臣、内閣官房長官、同副長官といった官邸要路に提供することだ。

外事課長初の訪朝

インテリジェンス・コミュニティにおけるキャリアパスで、最後まで取り組んだ最大の課題は、北朝鮮による日本人拉致問題だ。

二〇二二年は、その象徴的存在である横田めぐみさん（拉致当時一三歳）が新潟の海岸から連れ去られて四五年。北朝鮮が拉致の事実を認め、被害者五人を帰国させることになった第一回日朝首脳会談から二〇年。めぐみさんのご両親ら被害者家族が、勇気を振り絞って組織的救出運動に踏み出した家族会結成から二五年の節目に当たる。

この間、欧州拉致事件の被害者、有本恵子さん（拉致当時二三歳）の母、嘉代子さんが二〇二〇年二月に九四歳で、めぐみさんの父、滋さんが同年六月に八七歳で、愛娘との再会を果たせずに亡くなった。本件に携わった者として正に痛恨の極みであり、帰還という結果を出せていないことを大変申し訳なく思っている。

北朝鮮による国家犯罪の中でも非人道性が際立つ拉致問題について、記憶に残る任務の一つとして「第三回日朝実務者協議」での訪朝を挙げることができる。

北朝鮮側が拉致被害者に関する資料を引き渡し、北朝鮮内部での関係者への事情聴取などを認めることとなり、この協議で、拉致事件の捜査に携わる警察が日本政府訪朝団に加わることになる。私は外事課長として、その任務を遂行するため、警察チームを率いて訪朝することになった。

中国・北京乗り継ぎの高麗航空機で平壌・順安国際空港に降り立ったのは、二〇〇四年一一月九日のことだった。外事警察の立場からすると北朝鮮は長年、取締りや情報収集の対象としてきた、言わば禁断の地だ。そこを取締りの元締めである警察庁外事課長が訪ねるのは、無論初めてのことだ。

訪朝団は外務省の薮中三十二アジア大洋州局長を団長に総勢約二〇人。警察チームは七人で、課長以下、外事課北朝鮮担当のほか鑑識や情報保全などの部署から精鋭を集めた。

空港から市の中心部へ。晩秋の平壌近郊、耕作の終わった大地を進む寒いバスの中で、私は北朝鮮側に要望すべき事項を確認した。北朝鮮側が「死亡した」と主張する被害者らに関する詳細な捜査報告書を、出発直前まで頭に焼き付けてきた。警察チームには、関係者への聴取で成果を得て、また先方から提供される資料については精査の上、確実に日本に持ち帰る重要な役割が与えられていた。それを思うと、胃のあたりにずっしりと重いものを感じた。

ただその時はまだ、警察の働きがその後の日朝関係を決定づけるほど重要なものになろうとは思いもよらなかった。

警察内部からも反対の声

訪朝の約三週間前、二〇〇四年一〇月二〇日午後四時、私は、霞が関・中央合同庁舎二号館一九階にある警察庁長官室で漆間《うるま》巌警察庁長官（後に内閣官房副長官）と対面していた。漆間長官は警察庁外事課長、警備局長などを経験し、外事警察には理解が深い。

漆間長官は内務省伝来の大きなデスク越しに立ったまま、私に語りかけた。これは何か重要な事項を伝えるときの彼独特のスタイルだ。

「実務者協議の代表団への警察の関与の仕方は、瀬川君（勝久警備局長）とも相談して、色々考えたんだが、担当課長の君がヘッドで参画するのが良いということになった。北村君、ご苦労だけど行ってくれるか」

漆間長官は外務省からの要請に従って、私が政府訪朝団に同行し、北朝鮮側から提出された資料の保全と鑑定を指揮するよう既に決定していた。皇居のお堀を見下ろす長官室の窓を朝から降りしきる雨が打ち付けていた。

私は直ちに出張準備に取りかかったが、訪朝については警察庁内部から疑問や反対の声が上がっていた。

全国の警察には、我が国に対する対日有害活動や安全保障を脅かす外国による犯罪を監視し、取り締まり、情報を収集・分析する専門部署として外事部門が置かれている。それら外事部門を指揮監督するのが警察庁外事課である。そのトップである課長が〝対象国〟に自ら乗り込むことなどあり得ない、というのが反対論の中心だった。

後輩の中には「朝鮮外事は外事警察の根幹です。外事課長が北朝鮮に行くなどということは全国の外事警察にも示しがつかず、士気にも関わります。決定されたことかもしれないが、私は反対です」と、わざわざ自分の意見を伝えに来た者もいた。

しかし、拉致という国家犯罪の被害実態を解き明かす証拠資料の鑑定や、関係者への事情聴取などの捜査手続は警察にしかできない。国交のない国に赴き、政府の方針と責任において行う作業に中央官庁から然るべき立場の者が行かず、現場職員だけを派遣するわけにはいかない。それに権限がある者がいなければ、先方に軽んじられる恐れもある。

私は、粛々と任務を遂行すべきと考えた。ただ協議そのものの進展を見通せる者は、北朝鮮との窓口を務めていた外務省関係者を含め誰もいなかった。

拉致被害者に関連する資料の提出と現地での関係者への聴き取りなどについて、北朝鮮側はその直前の実務者協議で容認する旨、前向きな回答を寄越していた。

日本のメディアは、北朝鮮側に二つの狙いがあると見立てていた。一つは、金正日《キムジョンイル》国防委員会委員長（朝鮮労働党総書記）が日本との協議を進展させる見返りに数兆円とされる資金を獲得すること、もう一つが、日本との国交正常化を対米関係改善へのレバレッジにするというものだった。いずれもあながち外れてもいないように思えた。

一方、当時の官邸と外務省は、最初の日朝首脳会談から二年もの間、進展が見られない日朝関係を動かし、国交正常化交渉に入るモメンタムを取り戻したかった。これは、薮中団長も折に触れて言及していた。

その上で、外務省が警察に現地への同行と鑑定を要請してきたのは、捜査権限があり高い対応力を持つ警察が資料の受領から鑑定の手続に関与することで、その信憑性を裏付けることが目的だったのではないか。

つまり外交当局としては、証拠品など北朝鮮側が出してきた〝誠意〟を日本政府が受け入れるに当たり、国内世論に対し公正な根拠を示すことで、国交正常化交渉に入る勢いを得ようと考えていたのではないか。そんな思いが今もしている。

鏡が多い高麗ホテル客室の謎

順安空港を出たバスは、三〇分ほどで投宿先と協議会場を兼ねた高麗ホテルに到着した。高麗ホテルは、当時平壌で最も近代的な設備を備えていた。

フロントを抜け宿泊客室がある二一階を目指す。なぜか途中階でエレベーターが止まり、ドアが開く。そこには一切の照明がない暗黒の空間が広がっていた。

到着した客室の調度品や内装はパチンコホールのような華美な印象。さらに、接遇は非常に丁寧だったこととの対比で若干の違和感を覚えた。

到着以降、警察チームは外国で礼を失することがあってはならないと警察礼式にいう頭を下げる「室内の敬礼」はしたが、先方の誰とも握手はしなかった。初日の夜に開かれた歓迎夕食会も辞退した。こうした対応は警察のメンバー全員に徹底した。

「外交」のプロトコルで動く外務省と、犯罪捜査規範で動く警察との組織文化の違いからくるものかもしれないが、外事警察として対決すべき相手との間合いを考えた上での判断だった。

到着初日の日朝双方の動きについて、手帳には、《チョン・テファ（鄭泰和）大使主催の日本代表団歓迎宴会については、警察庁関係者はその参加の目的を勘案し、欠席扱いとする》、《協議中に薮中団長に申し入れて、団長及び北朝鮮側は了解》と記されている。

我々は、盗聴など北朝鮮側の情報活動には細心の注意を払った。とにかく一人で行動しない原則を周知徹底して、客室は相部屋にした。これを申し入れると、外務省の同行職員から「警察の人は相部屋がお好きなのですか」と妙な質問をされるはめになったのだが……。念には念を入れ、私は警察チームのメンバーが二四時間寝ずに在室する客室——通称ロジ部屋——で待機することにした。

我々にあてがわれた客室は、それにしても鏡が多かった。同行した鑑識担当の職員が部屋の内壁と外壁の厚さを測ってみたところ、人一人が入れるほどの空間が存在する。またホテルに依頼した洗濯物は、依頼者が使ったベッドの上に確実に置かれていた。なぜホテル側が、二人がどちらのベッドで寝ているかを知り得たのか、今でも分からない。

医師や看護師への聴取

外交当局間の日朝政府間協議の後、日朝実務者協議は到着翌日、二〇〇四年一一月一〇日午前一一時、高麗ホテルの宴会場にしつらえた会議室で始まった。中央に対面する形で配置されたテーブルに双方七、八人が向き合う。私と同行の警察庁外事課員の計三人はテーブルの中央付近に着席した。

まず午後一時まで総論・調査に関する方法論を話し合うセッションがあり、休憩を挟んで午後二時から我々が北朝鮮の「調査委員会」に寄せた疑問点について先方が個別に回答を始めた。「調査委員会」に突きつけた質問は、北朝鮮側が「死亡」と回答した横田めぐみさんら八人の消息や、入境した事実が確認できないと主張する四人の被害者に関するものだった。

横田めぐみさんについては、物証として写真や北朝鮮での身分証明書、自筆の紙片などを要求した。これらは指紋検出や写真、文書からの本人との同一性を確定するために必要だった。

そして、めぐみさんの元夫とされるキム・チョルジュン氏か、めぐみさんが入院していたとされる「四九号予防院」が保管しているはずの「めぐみさんの遺骨」とされるものも、ＤＮＡ型鑑定などによる同一性鑑定に用いる趣旨で求めた。

さらに、めぐみさんの生活状況や健康状態を知り得るキム・チョルジュン氏本人や入院先の「六九五病院」の医師、また北朝鮮側の主張によるところのめぐみさんの「自殺」の直前に散歩に同行していた「四九号予防院」の医師や看護師、埋葬に関与した者らへの直接聴取も要請した。

「よど号」メンバーと「KYC」

加えて、我々は、被害状況の捜査から拉致が北朝鮮特殊機関の計画的・組織的な犯行だったとみて、以下のような疑問点も提示していた。

まず、欧州で拉致された男女三人の被害者、石岡亨《とおる》さん（拉致当時二二歳）、北朝鮮で石岡さんと結婚したとされる有本さん、そして松木薫さん（同二六歳）の三人について。

警察の最大関心事は、特殊機関「朝鮮労働党対外連絡部五六課」の副課長で工作員、キム・ユーチョル――「KYC」と呼ばれていた――と、その配下で指示を受け、石岡さんら三人を拉致したとみられる共産主義者同盟赤軍派の「よど号」グループとの関連性だ。

北朝鮮側は認めていないが、有本さんは英国留学中にデンマークのコペンハーゲンに旅行した際、「よど号」グループの魚本（安部）公博容疑者と中華料理店で会食したとの証言がある。

「よど号」メンバーの元妻による証言だが、我々は、様々な角度から検証した結果、真実性が高いと判断していた。さらに、有本さんが消息を絶つ直前、コペンハーゲンのカストラップ空港で「ＫＹＣ」と一緒にいる場面を第三国の情報機関が撮影した写真の存在だ。

有本さんは、モスクワ経由で北朝鮮に連れ出されたことが判明しており、北朝鮮機関の関与と「よど号」グループの暗躍も明白だった。

石岡さんについては、卒業旅行の途中でスペイン・バルセロナに立ち寄った際に「よど号」メンバーの妻と一緒に行動していた。バルセロナ動物園で石岡さんの旅の同行者が、「よど号」メンバーの妻と石岡さんが並ぶスナップ写真を撮っている。こうした証拠が多数存在するにもかかわらず、北朝鮮は「よど号」グループの関与を一切認めていないのだ。

我々が示した疑問点に対し、北朝鮮側はほとんど回答しなかった。

例えば田口八重子さん（拉致当時二二歳）に関して、「当方（北朝鮮）の安全保障の観点もあり、今後提起される質問を考えていただきたい」とかわしてきた。都合の悪いことは一切、聞くなという意味だろう。

拉致直前の田口さんの足取りは判明していなかったため、拉致実行者とともに東京を出発して船に乗せられたとみられる宮崎までの移動経路、手段の解明は必須だった。

しかしながら、日本国内で誘拐・国外移送行為を補助した者について詳細な情報提供は全く得られなかった。

さらに、田口さんが北朝鮮で拉致被害者、原敕晁《ただあき》さん（拉致当時四三歳）と同じ招待所で生活していたとする北朝鮮側の説明はこちらの情報とずれがあった。また田口さんが日本語を教え、接点があったとされる大韓航空機爆破事件の実行犯、金賢姫《キムヒョンヒ》工作員との関係も、一切語られることはなかった。

疑問の数々に北朝鮮が寄越した回答では、「特殊機関がやったことなので、詳細は調べようがない」というものが多かった。組織も改編されており、調査は困難を極めたとの釈明を繰り返すだけだった。

拉致をめぐる北朝鮮の対応には、ある被害者については帰国させ、ある被害者については「死亡」と説明し、「未入境」として拉致そのものを認めないケースもあるなど不可解な点が多い。

中でも大きな疑問は、目的を偽り北朝鮮に連行した事実は認めているのに、「よど号」事件や大韓航空機爆破事件のような「テロ」の実行犯の関与を一切認めないことだ。テロリストが関与したとなれば、北朝鮮は「テロ支援国家」としての実態を上書きし、国際社会や米国からの更なる制裁の根拠となる可能性があったからだろう。

こうした北朝鮮側の「涙ぐましい努力」は、二〇〇八年一〇月一一日、米国による北朝鮮のテロ支援国家指定解除で実を結ぶことになる。

最大の脅威は米軍

協議は難航した。時間は瞬く間に過ぎ、日本側から北朝鮮に申し入れ、期間を当初日程から二日間延長した。協議時間は計六〇時間近くにも及ぶことになる。

北朝鮮は日本側の調査要望事項について、「六九五病院」「四九号予防院」「招待所に当時勤務していた者」等の「関係者」への直接聴取を容認した。北朝鮮のような閉鎖国家がよくも受け入れたものだと思うが、逆に言えば当時、金正日政権にはそれだけ拉致問題を「解決」させたい意思があったということなのだろう。

北朝鮮がそう考えるに至った背景の一つには、対米関係を含む当時の国際環境があった。二〇〇一年九月の「米中枢同時多発テロ事件」(九・一一)を受け、米国のジョージ・W・ブッシュ大統領は、翌年一月の一般教書演説でイラン、イラクに加えて北朝鮮を名指しし、「悪の枢軸」と批判。その一角であるイラクでは、〇三年三月から始まったイラク戦争で米軍の攻撃を受け、サダム・フセイン政権が崩壊した。金正日政権は、この一連の経緯に自身の運命を重ね合わせたのではないか。

「第三回日朝実務者協議」は「悪の枢軸」演説から三年近く経過していたが、それでも北朝鮮は、米軍の存在が自国の存続への最大の脅威と認識し続けていた。

協議において、北朝鮮は自らの調査結果に関する主張を譲らなかった。「八人死亡、四人未入境」との回答を繰り返し、我々との議論は平行線を辿った。薮中団長は険しい表情で、見通しを「厳しい」と漏らすようになった。

そんな消耗戦の終盤、薮中団長が北朝鮮側から呼び出され、火葬済の人骨とみられるものを持って戻ってきた。我々が北朝鮮側に要求していた「横田めぐみさんの遺骨」だった。

国交正常化交渉の入り口に立つのか、立たないのか、北朝鮮はボールを日本側に投げたつもりだったのだろう。

横田ご夫妻への報告

代表団が帰国したのは二〇〇四年一一月一五日。午前九時前に平壌を出発したチャーター機は一一時前、小雨降る羽田空港に着陸した。受け取った資料を速やかに、安全に、あるがままに持ち帰るため、チャーター便での帰路となった。

当日のテレビニュースでは、機体から資料などの入ったコンテナ七個が運び出される実況映像とともに、アナウンサーが「外務省幹部は『拉致被害者の安否に関する良い情報はない』と話した」と伝えていた。

結果報告を受け、町村信孝外務大臣は記者団に「彼ら（北朝鮮側）なりの努力は、前二回（の日朝実務者協議）に比べればあった」と発言。北朝鮮との関係を何とかしたい日本側の一《いち》縷《る》の期待が滲む言葉であった。

私はその足で警察庁に戻り、午後一時から漆間長官への報告。これを終えて午後三時、薮中団長や警視庁鑑識課員らとともに横田ご夫妻との面会に臨んだ。それは奇《く》しくも二七年前、めぐみさんが拉致された日である。このときのご夫妻の様子は今でも忘れることができない。

薮中団長から実務者協議の結果について一通りの説明が終わると、螺《ら》鈿《でん》装飾の漆器調の器が調査に同行した鑑識課員の手でテーブルに丁寧に置かれた。それを前に、目に涙を浮かべた滋さんが無言で座っている。初めに沈黙を破ったのは早紀江さんだった。

「めぐみは生きていますから、これは警察の方でしっかりと調べてください」

早紀江さんは毅然としてそう言い、「遺骨」を証拠として鑑定処分に付することを承諾してくれた。感傷的になることもなく、淡々とした所作だった。それは娘の生存に対する確固たる信念の発露でもあった。

二カ所で「遺骨」を鑑定

横田ご夫妻への面会後、小泉純一郎内閣総理大臣、細田博之内閣官房長官への報告。それを終えると、直ちに持ち帰った資料を捜査手続に乗せる作業に取りかかった。勿論、最優先は螺鈿装飾の漆器調の容器に入った「遺骨」だった。

私は、このめぐみさんの「遺骨」とされるものについて、あらかじめ真正だとも、偽物だとも決めつけてはいなかった。予断を持たず、科学の手に委ねようとしていた。

二〇〇四年一一月一八日、外務省も加わって「遺骨」の見分を終えると、翌一九日には刑事手続に付されることになる。そのことを横田ご夫妻にお目にかかって改めてお伝えした。実務に当たる新潟県警は、直ちに差押許可状の発布を得てこれを差し押さえた。

遺骨鑑定における最初の重要過程は、「遺骨」の中から鑑定に適した検体を選定することだった。

作業は翌一九日午後四時、警察庁一六階の大会議室で、新潟県警はもとより、外事課員や科学警察研究所（科警研）の技官らが集まって始まった。

係官らが手際よく長方形の机を部屋の中央に寄せて大きな作業台を作り、紙を敷き詰める。

全員が防護衣、マスクを着け、外事課員らが見守る中、科警研の職員が螺鈿様の器から骨を取り出し、テーブル上に置いた。職員らはゴム手袋をした指先で骨片を丁寧に目の高さまで持ち上げて観察し、ＤＮＡの痕跡があり、かつ、ある程度の質量がある骨片を選んでいく。最終的にＤＮＡ型の検出が最も期待できそうな一〇片を選び、五片ずつを二組に分けた。

同月二一日には鑑定処分許可状の発布を得て、内容物を科学的に分析する体制が整うことになる。

ＤＮＡ型の鑑定の依頼先については当初から、科警研とそれ以外の機関の計二カ所とする方針だった。客観性と公正性を担保するためだ。

科学警察の最高峰、科警研で得た結果を、もう一カ所の鑑定機関の結果が補強すればいいと考えていた。科警研以外の鑑定嘱託先は、当時、警視庁が微物に対するＤＮＡ型鑑定を嘱託し、目覚ましい成果を上げていた帝京大学法医学研究室とした。

ＤＮＡ型は一致せず

二〇〇四年一二月八日、科警研と帝京大に嘱託した鑑定結果が出揃った。

科警研は「判定不能」。一方、帝京大法医学研究室では吉井富夫講師が検出に成功した。吉井講師の鑑定手法は「ネステッドＰＣＲ法」と呼ばれるもので、ＤＮＡを増幅するＰＣＲ（ポリメラーゼ連鎖反応）検査技法の一種だ。新型コロナウイルス感染症の蔓延で昨今、広く知られるようになった「ＰＣＲ検査」と同じ原理を用いるものだ。

骨片五個のうち四個から同一のＤＮＡ型を検出し、残る一個からは別のＤＮＡ型が検出されたが、いずれもめぐみさんのＤＮＡ型とは一致しない——。

この結果を受け、午前中に漆間長官まで報告。正午からは瀬川警備局長とともに、官邸の二橋正弘内閣官房副長官に報告することとなった。

鑑定結果は全マスコミの注視するところであり、取材合戦は異常な熱を帯びていた。そのため情報の保全を考えて、二橋副長官には総理官邸向かいの内閣府別室にお越しいただいた。そこには既に訪朝団長の薮中局長、齋木昭隆外務省アジア大洋州局審議官らが揃っていた。

「北朝鮮側提供の検体から採取したＤＮＡ型は、めぐみさんのものとは一致しなかった」

瀬川局長がおもむろに結果を口にすると、二橋副長官の表情が明らかに険しくなっていく。薮中局長と齋木審議官はその場で直ちに、官邸用の当面の想定問答を書き始めていた。

この後、「偽遺骨」は北朝鮮に対する怒りとなって、日本の政治、外交、社会に大きなうねりを引き起こすことになる。

被害者の帰国で加速した捜査

外事警察の最高幹部が直接北朝鮮に乗り込むこととなった「第三回日朝実務者協議」。この異例の展開のそもそもの発端は、二〇〇二年九月一七日の第一回日朝首脳会談だ。

北朝鮮の金正日国防委員長が小泉総理に日本人拉致を認めて謝罪し、両首脳は拉致問題の解決と日本統治時代の過去の清算、日朝国交正常化交渉の開始などが盛り込まれた「日朝平壌宣言」に署名した。蓮池薫さん夫妻を含む拉致被害者五人が帰国したのは、そうした外交の成果に他ならない。

二〇〇四年五月二二日には、第二回日朝首脳会談が持たれ、北に残されていた被害者の子供ら家族五人の帰国が果たされたのだが、北朝鮮側が「死亡」と回答した横田めぐみさんら八人の消息や入境した事実が確認できないとする四人の被害者については、調査が進展しないままだった。

日朝の外交的膠着を尻目に、拉致事件の捜査は首脳会談以降加速していた。被害者が帰国したことで、拉致当時から帰国に至るまでの被害状況について直接、事情聴取が可能となったからだ。

帰国した五人から得た情報に基づいて、地村保志さんと富貴恵さん夫妻を拉致した容疑で辛《シン》光洙《グァンス》を、蓮池薫さんと祐木子さん夫妻を拉致した容疑で通称チェ・スンチョルら三人を、また曽我ひとみさんと母のミヨシさんを拉致した容疑で通称キム・ミョンスクを、それぞれ写真や似顔絵を添えて国際手配することができた。容疑者はいずれも北朝鮮の工作員で、北朝鮮に潜伏しているとみられた。

北朝鮮が拉致を認めたことは、我が国の政治と社会にも大きな変化をもたらした。今では考えられないことだが、北朝鮮が拉致を認めるまで、日本国内には「北朝鮮が拉致をする理由がない」「拉致は公安警察の謀略だ」といった見解が公然と存在し、無条件に北朝鮮を擁護するようなムードが一部にあった。北朝鮮が自ら拉致を認めたことによって、そんな主張や認識に立っていた一部の政治家やメディアは、従前の立場をとれなくなったのだ。

世論も政治も動かない

日本人の失踪について、警察庁が「北朝鮮による拉致」であると明確に認識する決定的な出来事は、一九七八年に富山県高岡市の雨晴《あまはらし》海岸で起きたアベック拉致未遂事件だった。奇妙な服装をした実行犯が目撃されていたことや、猿轡《さるぐつわ》などの遺留品の韓国側への照会、手口分析など、捜査情報を総合して事件判断に至った。

この一連のアベック行方不明事犯について、我が国政府、警察当局が北朝鮮の関与を初めて公式認定したのは一九八八年三月二六日のことだ。この日、参議院予算委員会で共産党の橋本敦参院議員が、七八年夏のわずか二カ月間に相次いで発生したカップル四組の拉致及び同未遂事件に関する見解、認識を梶山静六国家公安委員会委員長に問うた。

それに対し、梶山委員長はこう答えた。

「昭和五三（一九七八）年以来の一連のアベック行方不明事犯、恐らくは北朝鮮による拉致の疑いが十分濃厚でございます（後略）」

さらに警察庁の城内康光警備局長が、「一連の事件につきましては北朝鮮による拉致の疑いが持たれるところでありまして、既にそういった観点から捜査を行っておるわけであります。（中略）被疑者が国外に逃亡している場合には時効は停止しているということが法律の規定でございます」と補足している。

個別捜査からの積み上げという困難性はあったものの、前述した雨晴事件から約一〇年もかかっている。

この国会質疑は、日本経済新聞と産経新聞が一段見出しのいわゆるベタ記事で伝えたのみ。世論が沸かないニュースに政治が動くこともなかった。

日本人が北朝鮮に拉致された疑いに関しては、答弁の二カ月前の一九八八年一月、大韓航空機爆破事件の実行犯、金賢姫工作員の教育係だった「李恩恵《リウネ》」が日本人拉致被害者だった可能性が浮上。また、同年九月には欧州拉致事件の被害者、石岡亨さんから実家に、《松木薫さん、有本恵子さんと平壌にいる》と記された手紙が届く。のちに捜査の結果、この手紙は北朝鮮に滞在していたポーランド人が石岡さんから託され、帰国後に投函したことが判明している。

親朝ムードが支配していた

拉致事件について国会で閣僚と警察の責任者が断言し、それと前後して日本人が拉致されたことを示す具体的な情報が複数取りざたされていたが、それでも捜査に追い風は吹かなかった。北朝鮮の国家犯罪の追及は当時、日本政界を支配していたムードに逆行するものだったのだろうと思う。

梶山委員長答弁の四カ月後、韓国の盧泰愚《ノテウ》政権が北朝鮮との融和を図って「七・七宣言」を発出した。我が国にも朝鮮半島「融和」の流れに乗り遅れまいとするムードが打ち寄せ、政界を中心に北朝鮮との国交正常化待望論が沸き始める。

一九八九年七月には土井たか子、菅《かん》直人の両衆院議員らが韓国で収監されていた辛光洙の釈放を求める要望書を韓国に送り、九〇年九月には自民、社会両党がいわゆる「金丸訪朝団」を結成して訪朝――。これらは当時の日本の政治、社会にあった親朝的な空気の一例に過ぎない。

我々警察についてはどうか。拉致問題を防げなかったことや事件捜査が進捗しないことについて、批判をいただくことがある。これに対しては決して言い訳をするつもりはない。ただ事実として、警察庁では北朝鮮による我が国に対する不法な入出国や情報収集その他の犯罪の摘発に消極的だったことはない。

また、いくつかの問題があったことは事実だ。なんといっても、スパイをはじめ我が国の国益を深刻に侵害する犯罪を直接、適切な量刑で処罰する法律がないこと。この問題については、これまで幾度となく米国当局者との協議でも取り上げられてきた。米国では死刑、終身刑、数十年の懲役刑となるところ、我が国では、北朝鮮のスパイはほぼ全員、軽微な刑罰にとどまる。日本の法制を伝えると米側は、異口同音に「貴国ではなぜ、こんな凶悪なスパイが釈放されているのか」と驚嘆し、怪訝な顔をする。

例えば、警察庁が認定してきた一九五〇年から八一年までの北朝鮮スパイ事件四二件に限っても、適用罪名は「出入国管理令違反」等の微罪で執行猶予が付くケースが多い。

拉致は関心事でなかった

警察庁警備局が発行する冊子『焦点一六三号』（一九六五年一二月一五日発行）では、日本で暗躍する北朝鮮スパイの実態を詳細に明らかにしている。北朝鮮スパイが「背乗《はいの》り」と呼ばれ国内で別人に成り代わって各種工作活動を行った実態も相当に解明され、公開している。古い一冊を取り出すと、表紙には、「本紙に掲載された記事は自由にお使いください」とある。これは当時の日本において、そもそも北朝鮮の拉致事案を含む違法行為が関心事たり得なかったことを示すものだ。

現在とは国民の意識や政界の常識において隔世の感を禁じ得ないが、国民への情報発信、啓発にも苦慮していたのだ。

二〇〇二年の拉致被害者帰国は、日本人の目に同胞が帰国できたことの安堵や喜びの一方で、「拉致事件の非道性」や「北朝鮮という国家の異常性」を焼き付けるものとなった。

国民の多くは今では、なぜ拉致されたのか、なぜ取り戻せないのか、という疑問を抱いていることだろう。

政治、世論の変化は、拉致事件捜査の進展や北朝鮮による対日有害活動の取締りに追い風とみなし得た。そして核やミサイルの高度化という危機に直面してようやく、国家も国民も警戒感を高めた。

しかし、「特定秘密の保護に関する法律」（特定秘密保護法）は安倍内閣において難産の上成立したが、対日有害活動を直接処罰する法律は、未だ制定の動きすらない。

第二章 日本赤軍との闘い

1977年9月28日、日航機を乗っ取りダッカ空港へ着陸した日本赤軍が同志らの釈放と身代金を要求。10月1日、超法規的措置がとられ、釈放された6人が羽田から出発した（共同通信）

「重信房子さん生還――歓迎会」。手元にこんな催しを告知するビラがある。

二〇二二年五月二八日に刑期を満了し、出所した「重信房子」は、我が国の外事警察が長い間、多くのリソースを割いて追跡しながらも、今なおメンバーの一部が逃亡している国際テロ組織「日本赤軍」の最高幹部を務めた人物である。中東などを拠点に長期間潜伏していたが、二〇〇〇年一一月に極秘に入国、人目を避け寄寓していた大阪で逮捕され、服役していた。私の官僚人生にも少なからぬ影響を及ぼした、忘れることのない存在だ。

共同通信によると、重信は、服役中に支援者へ寄せた手紙で出所後の生活について「謝罪と感謝とリハビリと斗病（闘病）で一杯」で、「好奇心をもって楽しく生き続けようと思って」いるといい、《支援者らとの再会を願う様子もうかがえた》という。

前述した「歓迎会」のビラでは、一九七二年にメンバーがイスラエルの空港で引き起こしたテロ（詳細は後述）について、パレスチナの「解放闘争」であると正当化している。そして重信の罪状は「冤罪」だと主張。「謝罪」の意向を示している重信だが、彼女と同様の価値観を持つ人々に迎えられ、社会復帰することになる。

日本赤軍とは、いかなる組織だったのか。

警察庁の公開資料は、《マルクス・レーニン主義に基づく日本革命と世界の共産主義化の実現を目的として国内で警察署の襲撃、銀行強盗、多数の死傷者を出した連続企業爆破事件等の凶悪な犯罪を犯した過激派グループの一派が、「国際根拠地論」を打ち出して、海外に革命の根拠地を求めて脱出した後、結成された国際テロ組織》と説明している（警察庁『焦点』第二六九号『警備警察五〇年』第二章）。

日本赤軍は、テロを起こして捕らえられた仲間を、新たな奪還テロによって釈放させ、別のテロに合流させようとした、稀有な凶悪犯罪集団だ。日本警察は、長くその壊滅を目指し世界の果てまで追及してきたが、私にとっては、インテリジェンス・オフィサーとしてその道に足を踏み入れるきっかけでもあった。

フランス留学の内示

東京・霞が関の中央合同庁舎二号館が現在建っている場所に、かつてスクラッチタイルの五階建ての庁舎があった。関東大震災級の地震にも耐え得る鉄骨鉄筋コンクリート造で、一九三三年に竣工された建物だ。大東亜戦争中は内務省庁舎として使用され、戦後ＧＨＱ（連合国軍最高司令官総司令部：General Headquarters）によって同省が解体された後には、警察庁などが入居していた。

その庁舎四階にある人事課執務室において、一九八二年七月に、私は後に警視総監となる奥村萬壽雄《ますお》課長補佐からフランス留学の内示を受けた。

「北村君、留学を目指すなら英語よりもフランス語をやったらどうだ。最近はフランス語使いが求められているから」

そんな勧めに従ってフランス語を学んだ成果だった。当時、入庁三年目の若者だった私は、内務省伝来の古色蒼然たる庁舎での文書審査に明け暮れていた。奥村課長補佐からの内示によって、外国でしばし羽を伸ばせると、私の中に解放感が生じ、ただただ嬉しかったことを憶えている。

だが、私をフランスに送り出そうとする警察庁には、「日本赤軍」や「よど号」グループなど、我が国が直面していた国際テロ組織と闘うためのインテリジェンス・オフィサーを一人、戦列に加えるという含意があったのだと思う。私がそれを理解するのは後になってのことだ。

一九七〇年三月三一日、「赤軍派」の学生ら九人が羽田発福岡行きの日航機を乗っ取り、乗客・乗員計一二九人を乗せたまま北朝鮮に向かうよう要求する。福岡空港や韓国・金浦《キンポ》空港で人質を少しずつ解放し、四月三日に北朝鮮へ渡った。事件は「国際根拠地」構想に基づく犯行だった。犯行グループの学生らは後に、乗っ取った日航三五一便の機体につけられた呼称から、赤軍派「よど号」グループと呼ばれるようになる。

九人が北朝鮮へ渡ってちょうど一年後の一九七一年、重信最高幹部らがレバノンに渡り、「赤軍派アラブ地区委員会」を結成。これは「赤軍派」のもう一つの国際テロ組織で、後に「日本赤軍」（ＪＲＡ：Japanese Red Army）と呼ばれる。

自国発のテロ組織が海外で引き起こす凶悪なテロ事件を捜査する。我が国の外事警察は、日本赤軍の登場によって、新しい領域に踏み込まざるを得なくなったのだ。

恐怖のテロ組織として

そして、一九七二年五月三〇日、岡本公三ら三人がイスラエル・テルアビブのロッド国際空港で自動小銃を乱射、手榴弾を投擲《とうてき》し、死者二四人を含め一〇〇人を殺傷する「テルアビブ・ロッド空港事件」を引き起こす。

共犯の二人は、現場で自爆するなどして、死亡。岡本は、イスラエル当局に逮捕され、服役したが、後にパレスチナ武装組織との捕虜交換で釈放され、レバノンなど反イスラエルの中東諸国で事実上の保護下に置かれる。

このＪＲＡの〝デビュー戦〟ともいえるテロは、我が国の外事警察にとって日本赤軍との長い闘いの始まりとなった。

日本赤軍は、パレスチナ解放人民戦線（ＰＦＬＰ：Popular Front for the Liberation of Palestine）との共同作戦を敢行するなど、それ以前に日本警察が対処してきたテロ組織とはスケールが違った。リビアのベンガジ空港で機体を着陸させて爆破（「ドバイ事件」）するなど、その事件の凶悪性・衝撃性から、「ジャパニーズ・レッド・アーミー」は、恐怖のテロ組織として世界にその名を馳せていく。

日本赤軍がそれ以前の犯罪組織と根本的に異なる点を挙げるとすれば、既遂事件で拘束されたメンバーや、テロの思想傾向を持つ犯罪者を「同志」として位置づけ、その奪還を果たすべく更なるテロを起こすことだった。「ドバイ事件」等のハイジャック事件や、在オランダ・フランス大使館を占拠した「ハーグ事件」、在マレーシア米国大使館などを占拠した「クアラルンプール事件」は、いずれも「奪還」テロである。

一九七七年九月には、日航機をハイジャックして人質を取り、我が国で在監、拘留中の日本赤軍幹部ら九人の身柄解放と身代金六〇〇万ドルを要求する「ダッカ事件」が発生する。日本政府は、要求に屈して「超法規的措置」の名分で凶悪犯六人を野に放った。

私の入庁前の事件ではあるが、警察当局にとって痛恨の事態だったことは間違いない。

テロリストを海外まで追う

テロの凶悪化、国際化に伴い、日本警察も手を拱《こまね》くばかりではなかった。

それまで警察庁では、日本赤軍が国内過激派を母体としたために、極左暴力集団対策を受け持つ公安第三課が担当していた。だが、このダッカ事件を契機に一九七七年一二月、公安第三課内に警視正をトップとする通称「調査官室」が設置され、所掌事務に国内での日本赤軍支援組織の実態解明、捜査の統括・指揮以外に「海外での動向把握」と「各国治安機関との連絡調整」が加えられた。

つまり日本の外事警察が海外でテロリストを追跡し、捕らえ、組織壊滅を目指す。そして現地の治安機関、情報機関をカウンターパートとすることになったのだ。

まだプリミティブな段階だったものの、国際的に機能する組織作りが求められ、インテリジェンス・オフィサーの育成は急務だった。

一九七七年までのテロ事件は、ヨーロッパもしくはアラブ地域を中心に起きていた。その中でも日本赤軍の潜伏先としては、北西アフリカのマグレブ地域、東部地中海沿岸のレバント地域が想定されており、そこでの通用言語はアラビア語を除けば、英語よりもむしろフランス語だった。

もちろん調査官室には英語に堪能な海外要員も揃っていたが、警察のインテリジェンス部門は、現地に溶け込み、事情、情報に精通した専門官としてフランス語要員を育てる方向に傾いていた。

こうした事情から、一九七〇年代の入庁者は、後に警察庁長官や国会議員となった方など名だたる先輩がフランスへ留学している。フランス語圏での対テロ情報活動の重要性が組織的に強く共有された時代に、私は警察庁に入ったということになる。

私がフランスに行くことになったのも、おそらく背景にそういう事情があり、自身、いずれは調査官室に行くのだろうと、漠然と考えるようになっていた。結局、それは人事の都合で叶わなかったが、今にして思えばフランス留学、在フランス大使館勤務、外事課理事官、同課長、外事情報部長、内閣情報官、国家安全保障局長へ至る四〇年の役人生活の基本線「インテリジェンスの系譜」は、この留学時に決まっていたのかもしれない。

田中義三をめぐる攻防

一九九五年三月、在フランス大使館での勤務から帰国すると、外事課次席の理事官を拝命した。当時の警備局長は、在フランス大使館勤務経験者の杉田和博氏（後に内閣官房副長官）だった。また当時の課長は、在米国大使館勤務経験者の小林武仁氏（後に警備局長）であり、その後、米村敏朗氏（後に警視総監・内閣危機管理監）に引き継がれた。

当時の外事課理事官である私に期待された役割は——①海外で当局に逮捕・拘束された手配犯の身柄引き取り、②現地当局との協力関係の下、仲間の所在や動静に関する情報の収集分析、③潜伏可能性のある第三国へ出向いて手配犯や支援者の摘発検挙に資する情報交換——だった。通常の外事課の次席としての所掌を超えて特命事項を委されたのは、私を警備局に引き戻した杉田警備局長の采配によるところが大きかった。

また、当時の警察庁警備局では、「奪還」テロで法を曲げて出国した者を追及し、絶対に検挙するという基本認識が何よりも徹底されていた。

そんな局内の雰囲気の中で、私は国際手配犯が拘束されたり、足取りが判明したりといった重大情報がもたらされた際には、直ちに国外に展開する準備を整えていた。

実際に数多く海外の現場を踏んできたが、中でも、外事課配属一年後に発生した一九九六年の「田中義三《よしみ》拘束」は、最初の海外展開ケースであり、思い出深い。

事件の発端は、ベトナムとの国境に近いカンボジアの検問所を北朝鮮の外交ナンバーを付けた車両がベトナム側に通り抜けようとしたことである。乗っていた三人の男のうち一人の旅券が偽物と分かり、追及の結果、偽札関連容疑でタイ警察当局から国際手配中の人物だと判明し、タイ側に引き渡された。

この第一報は、一九九六年三月二五日午後、当時警察庁からタイの日本国大使館に出向中の鶴谷明憲一等書記官（後に近畿管区警察局長）からもたらされた。この男の正体は「よど号」グループのうち動静が最も謎に包まれた「田中義三」ではないか。警備局内は色めきたった。

翌二六日午前八時から在京米国大使館治安関係者との協議が行われた。そこで被拘束者が「田中義三」の可能性が高いことが明らかになる。また同人は「キム・イルスル」名義の北朝鮮旅券のほか、日本、中国、香港の偽造旅券を所持していたことも分かった。

「よど号」グループは当時、日本製「セブンスター」の贋物の販売などにも手を染めていたとみられ、米国機関は、北朝鮮の外貨稼ぎの工作員とみなしていた。

「我が国に身柄を移送せよ」

タイへの出発を前日に控えた一九九六年三月二七日、警察庁外事課長室で米村課長から、こう指示を受けた。

「田中義三の身柄が偽ドル所持容疑でタイ当局に押さえられたらしい。捜査権がタイ、米国、我が国に及ぶが、我が国の手配容疑は、最重要犯罪のハイジャックだ。是非、田中の身柄を速やかに我が国に移送するよう関係当局と交渉してくれ」

これを受け、早速交渉方針を自分なりに整理した。

真っ先に手を付けたのが交渉相手である。タイの関係当局には、タイ警察、入国管理当局、検察当局、タイ国家情報局（ＮＩＡ：National Intelligence Agency）、タイ国家安全保障会議（ＮＳＣ：National Security Council）等が想定された。また、今回の捜査に直接関わったといわれる米国のシークレットサービス（ＳＳ：Secret Service）との交渉は不可欠だった。

次に、身柄引渡しの形態である。田中の身柄が国外退去（deportation）となるのか合意による身柄引渡し（extradition）となるのかを、二国間交渉を通じて詰めていく必要がある。

第三に、田中がカンボジアからタイに移送された経緯を明らかにする必要があった。カンボジアに依然として主権行使の余地があれば、さらに話は複雑になる（後にカンボジアは国外退去措置を採っていたことが明らかになった）。

最後が、米国連邦法のタイへの適用の可能性と、タイとの間の犯罪人引渡し条約の有無だった。

こうした交渉方針に基づいて、出発当日の同月二八日の午前一〇時から最高検察庁において法務検察当局と協議がもたれ、午後二時から外務省で、外務、法務、警察による関係省庁会議が開かれ、方針の確認がなされた。

一方で、事前の情報によれば、交渉の見通しは極めて厳しかった。

米国は、この事件を通貨高権（通貨の発行は国家・政府が独占する制度）を侵害していると して重視していた。SSは、この事件の捜査に、本国からの特別捜査官を含めて約二〇〇人体制で当たっているという。北朝鮮については、かねてより、精巧な偽ドル札（スーパーK）の製造、流通から「販売」までしているという情報があった。言うまでもなく通貨偽造は、通貨の信用性を毀損する重罪だが、米国は、北朝鮮が国家的な意図をもって、スーパーKの製造から流通まで組織的に実行しているとみて捜査をしていた。

派遣が決まった時点では、「カンボジア国境のタイ国内に偽札工場がある」との情報もあり、タイ警察は、自国内の犯罪捜査を優先させるのではないかと容易に推測できた。

またカンボジアは、北朝鮮と伝統的に友好関係にあり、米国とタイは同盟国だ。各国の思惑、面子から管轄権や身柄処理をめぐって調整が難航することも予想された。

このように、田中の身柄引渡しを受けられる確たる見通しも立たなかったが、飛行機に飛び乗り、気温四〇度近い暑季のタイへ向かった。

同月二九日深夜〇時一五分にバンコクに到着すると、目まぐるしい時間が始まった。連日、早朝からタイ関係当局、現地SS代表者との協議、外交公電の作成、タイ当局への口上書の作成……。こうした煩瑣《はんさ》な手続が日々の交渉の変転とともに繰り返された。

当初、タイ当局は、田中の身柄を国外退去手続により我が国へ早期に引き渡す方向に傾いていた。しかしながら、同月三〇日の協議で米側が田中の身柄引渡し要求を取り下げると表明した時点で、タイ当局もまた独自に国内捜査優先に舵を切った。これで、我が国の身柄引渡し交渉は振り出しに戻ることになる。

あくまで推測だが、この段階で、米国とタイの当局間で、米国が田中の身柄引渡しを断念する代わりに、タイ当局はスーパーKについての捜査を継続し、全面的に米当局に協力するとの合意が形成されたのではないか。押収したスーパーKなどの証拠物の所在等を考えると、ある意味合理的な決定でもあった。

「ミスター・シゲルか？」

田中の身柄の早期引渡しが暗礁に乗り上げた一九九六年四月二日、バンコクのリージェント・ホテルの自室でこれまでの交渉経緯等を取りまとめ、今後の方針を練っているときだった。

ドアをノックする音が響いた。

ドアスコープを覗くと、そこに立っていたのは白人の男だ。

「ミスター・シゲルか？」

ドアを開けると男は藪から棒に聞いてきた。姓と名を取り違えていることが引っ掛かったが、それより、なぜ名を知っているのだ？　外事課員の出張に関しては、目的地や日程、接触対象者を含め秘匿事項となっている。まして、投宿先のルームナンバーなどが部外者に漏れるようなことはあってはならない。

そもそも来訪目的は何か——。

誰何《すいか》する間もなく、「米財務省シークレットサービス派遣代表（the head of delegation）マイケル・ヴィッカース（仮名）特別捜査官（ＳＡ：Special Agent）だ」と自己紹介し、「田中義三の事件で協議を持ちたい」と申し出てきた。

当時、警察庁から在米大使館に出向していた吉田尚正一等書記官（後に警視総監）に、国際電話で米側の動きを聞いたところ、事件発生直後から、米国は吉田書記官経由で警察庁に、タイに派遣された係官の氏名や投宿先の情報を問い合わせていたことが分かった。

同月四日午後一時半から、日米捜査当局間で、本国からの派遣責任者同士の協議が初めて行われた。今にして思えば、同盟国である日米当局のデレゲーションヘッドが訪タイ初日に顔を合わせていないということ自体が極めて異例である。

思うに、田中の「身柄」を日米どちらが確保するかという捜査機関にありがちな競争意識がこのような事態をもたらしたのだろう。事実、私はこの時点でもなお、米側が田中の身柄引渡しを再び要求してくるのではないかと大いに気を揉んでいた。

ところが会議の内容は極めて紳士的なものだった。米側の要望は、田中に対する米国領事による事情聴取と、当方への情報協力依頼のみだった。

タイ当局がスーパーKに対する捜査を当面継続する、米国は田中の身柄引渡しを求めない、我が国はタイ当局の捜査終結を待って田中の身柄引渡しを受ける。この時点で、本事件における三カ国の枠組みが、事実上、決定したと言える。

国際的なテロ・ネットワーク

田中は、タイ・パタヤで発見された大量の偽ドル札を所持・使用した容疑でタイ検察当局により起訴されたが、公判では米偽ドル札の罪状については無罪が確定した（同行者二人は偽ドル札事件で有罪となった）。

紆余曲折を経た交渉の結果、最終的にタイ政府は、国内司法手続を終えた二〇〇〇年六月、田中を我が国に引き渡すことになる。

かように波乱万丈な外事課理事官勤務が始まった「一九九五年」とは、どのような意味を持つ年だったのか。

それは、一九八九年のベルリンの壁の消失、九一年のソビエト連邦崩壊によって生じたポスト冷戦という事態を、世界が実感し始めた年ではなかったか。

クレア・スターリングが一九八一年に著した『テロ・ネットワーク――国際テロ組織の秘密戦争』（Henry Holt & Company刊）で指摘していたことが、後に実証された恰好となったのだ。

同書は誇張が若干多いとも評されたが、日本赤軍やドイツ赤軍も含め、国際的な「テロ・ネットワーク」は一定程度存在し、東側当局の黙認の下に活動していたのではないか。私も、多かれ少なかれこの認識は当を得ていると思う。

警察庁公安第三課調査官室（後の外事第二課、外事課国際テロリズム対策室）のメンバー――内部では彼らを「赤軍ハンター」と呼んでいた――も私と同じ認識だった。

冷戦終結期、赤軍ハンター達のフランス出張は非常に頻繁となっていた。狙いはそれまでコンタクトを取ってこなかった旧東側の国や機関との関係構築である。

一九九〇年代に日本赤軍や「よど号」グループメンバーの拘束が相次いだ背景には、冷戦構造の崩壊によってソ連の箍《たが》が外れ、東側諸国が西側に協力的な対応を取り始めたことがある。それは国際テロ捜査における九〇年代の一つの潮流だった。

「ベイルート5」の一斉拘束

一九九五年三月、ルーマニアにおける浴田由紀子《えきだゆきこ》元受刑者の逮捕などはその一つの現れといえる。

三月二〇日――オウム真理教が東京の地下鉄でサリンを撒いた当日のことだ。警察庁は外事課を含め総動員態勢でこの事件に対応していた。サリン事件の対策室に詰めていた私は、夕刻、「浴田身柄拘束」の一報を受けると、外事課に駆け戻り、直ちに浴田の身柄引き取り、つまり

「浴田オペレーション」の実務に当たることになった。

浴田元受刑者は、一九七四年一〇月の三井物産爆破事件に関与して逮捕された「東アジア反日武装戦線・大地の牙」のメンバーだ。既に触れた「ダッカ事件」で、日本赤軍の要求どおりに釈放された浴田は、そのまま行方をくらませていた。

ところが、九五年三月二〇日、日系ペルー人に偽装してルーマニアに入国したところで身柄を拘束される。その後、ルーマニアで国外追放処分となり、日本行きの航空機内で手配元の警視庁が逮捕した。二〇〇四年には懲役二〇年の判決が確定し、一七年に満期出所している。

「浴田オペレーション」から約二年後となる一九九七年二月、今度は、中東レバノンで国際手配中の日本赤軍メンバー五人（和光晴生、足立正生、山本万里子、戸平和夫、岡本公三。外事警察では「ベイルート5（ファイブ）」と呼ばれている）が、一斉に拘束される。

五人の中には七二年の「テルアビブ・ロッド空港事件」実行犯の生き残りである岡本が含まれていた。

当時の警備局の様子を少し説明しておこう。

前年の一九九六年一二月一七日に発生し、膠着状態にあった在ペルー日本大使公邸占拠事件の対応の真っただ中にあった。

当然、外事課国際テロリズム対策室（公安第三課調査官室、外事第二課の後身で、現在の外事情報部国際テロ対策課の前身）の主力は折田康徳室長（後に九州管区警察局長）以下、リマの現地対策本部に張り付きの状態が続いていた。

「レバノンで潜伏中の日本赤軍五人一斉に身柄拘束」との第一報が入ったとき、警備局はそんな状況だった。

「ベイルートに飛んでくれ」

一報をもたらしたのは、在レバノン大使館に出向していた清全《せいたもつ》領事兼一等書記官（後に静岡県警察警備部長）だった。

私は、米村外事課長と国際テロリズム対策室の大部屋にいた。前年に外事課から警備企画課理事官に異動。局全体の庶務的な事務に当たっていたが、その当時は、当面、ペルー事件対応のバックアップを仕切っていた。しかし、米村課長からは手が空いているように見えたのであろうか。私にこう言った。

「北村、杉田局長には僕から了解を取るから、ベイルートに飛んでくれ。ここにいる好きな人間を連れていっていいから」

何をすべきか、言わずもがなだった。最精鋭三名を同道したのは言うまでもない。

一九九七年二月一五日に成田を発ち、一六日未明に現地入りした。

同月一八日に拘束のニュースが我が国で報道されると、私たちは連日カメラの放列に追い回されることになる。就中《なかんずく》、アラビア語紙の扱いは大きく、アラブ世界の関心の高さをうかがわせた。

一方で、特に秘匿行動が原則であるはずの外事課国際テロリズム対策室の赤軍ハンターと私は、サングラスをかけた顔を世界にさらされた。レバノン当局が同行していたとはいえ、状況次第では後にテロのターゲットとなりかねないという懸念も生じた。

「ベイルート5」の身柄引渡しには、いくつかの障害があった。

最大の問題は、我が国への引渡しについてレバノン政府内でコンセンサスが形成されていないことだった。

レバノンには一八の宗派が存在し、大統領はキリスト教マロン派、首相はイスラム教スンニ派、国会議長はイスラム教シーア派というように各宗派に政治権力が分配されてきた。また、隣国シリアは、一九九〇年のレバノン内戦終結後も推定約一万四〇〇〇人の軍部隊を駐留させ、実質的にレバノンを支配してきた。

「アラブの大義」の体現者

当時のラフィーク・ハリーリー首相は、内戦終結後の経済の復興を目指し、我が国との経済関係を重視しており、それが五人の身柄拘束につながった。同首相は二〇〇五年に暗殺されてしまうのだが、その背後にもシリアの影響力があると言われた。

こうした事実から推測できるように、レバノン政府内の親シリア勢力及び駐レバノン・シリア軍事情報部長ガジ・カナーン（後にシリア内務大臣、二〇〇五年に自殺）は、当初、米国の同盟国である我が国へ「ベイルート5」を移送することに反対していた。

我々のレバノン滞在中に、ＮＨＫが「ベイルート5」がシリアへ移送されると報じたこともあるが、それも親シリア勢力の意向を踏まえたものなのだろう。

その意味で、当時の橋本（龍太郎）内閣が、一九九七年三月二日から五日にかけて、かつて杉田警備局長と在フランス大使館で外政班長として机を並べていた平林博内閣官房兼総理府外政審議室長（後に在フランス特命全権大使）をレバノン及びシリアに派遣し、「ベイルート5」の我が国への引渡しについて外交的レバレッジを効かせたことは、その後の展開にとって有効だった。

日本赤軍は、一九七五年の「クアラルンプール事件」で在マレーシア米国大使館を占拠したほか、岡本が「ロッド空港乱射事件」で死傷させた被害者の約八割が米国自治領のプエルトリコから巡礼目的で訪れていた米国籍者だという経緯があり、米国は、「ベイルート5」に厳しい姿勢で臨んできた。

また、日米両国はレバノンにテロリストを引き渡すよう圧力をかける一方、テロリストへの庇護を止めれば経済協力の用意があるという「アメとムチ」の姿勢で臨んできた。

「ベイルート5」の身柄拘束の背景には、それまで圧倒的な影響力を行使していたシリアが、レバノンの経済協力獲得に向けた方針転換を一定程度容認した事情も考えられる。

しかしながら、シリアには、もう一つの明確な意思があった。それはすなわち、イスラエルの空港を攻撃して「アラブの大義」の体現者となった岡本は他の四人とは別格であり、絶対に守らなければならない——というものだ。

米国と対立するシリアにとって、米国の圧力に全面的に屈する形で「アラブの大義」を曲げることは困難に思えた。

日本では、レバノンが「自国の法律に違反する容疑が固まり次第、国外追放の形を取る」など、「五人」が「速やかに」に引き渡されるかのように報道されていたが、ベイルート逗留一カ月になろうとしても、私の見通しは厳しかった。

身柄引渡し交渉の相手であるアドナン・アドゥーム検事総長（後に法務大臣）に対し、「アラブの大義を重視する貴国の立場は尊重する」と、ぎりぎりの意思表示をした。

それでも即時の国外追放には至らず、五人はレバノンにおいて裁判にかけられることになった。引渡しが実現するのは服役期間が終わる三年後、二〇〇〇年三月のことである。

そして、「アラブの大義」の体現者、岡本の引渡しが実現することはなかった。

国家間の国益をかけた戦い

このように一九九〇年代後半、タイとレバノンで赤軍派メンバー及び関係者の身柄引渡し交渉に当たっていたが、「北村が引渡し交渉に行って、直ちに帰還することはないな」などと揶揄されることもあった。

テロリストの身柄引渡し交渉は、我が国の「法と正義」を代弁してこれを相手国に正面から伝えることが最重要であることは言うまでもない。しかし、そこにはしばしば相手国や密接に関連する第三国、さらには我が国の同盟国の利害が複雑に絡む。

すなわち、異なる利害に立脚する国益同士のぶつかり合いの場でもある。

「ベイルート5」の身柄引渡しオペレーションでは、最終的に岡本は帰ってこなかったが、三年の歳月を経て四人の身柄の引渡しを受け、彼らが我が国の法の下に裁かれるに至ったことは、捜査官として、一つの誇りだ。

それ以上に、国家と国家が国益をかけて激しくぶつかり合う交渉の現場に身を置くことができた経験が、その後の内閣情報官、そして、国家安全保障局長としての任務にも活かされることになった。

第三章

オウム真理教「ロシアコネクション」

1990年に衆院選で惨敗して以降、オウム真理教は山梨県上九一色村の教団施設で密かにサリンを製造するなど急速に反社会化していった（SPUTNIK／時事通信フォト）

二〇二二年二月二四日に開始されたロシアによるウクライナ侵略について印象的だったのは、「ロシアは、ウクライナに全面侵攻しない」とする我が国の大方の識者・専門家の予測を裏切る形で始まったことだ。

外国の戦略シナリオの予測は難しいといえばそれまでだが、インテリジェンスの観点からみると、これらの予測は、「ミラー・イメージング」（鏡像効果）の罠に嵌《はま》った結果といえる。我々は、ある国家や個人が重要な戦略的判断をする際、「自国あるいは自分と同じように考え、行動する」という思い込みに基づいた予測を立てがちだ。

だからこそ、外事警察は、ロシア、中国、北朝鮮といった脅威となり得る国々を、あらゆる可能性を排除せずに注視し、その動向分析を怠ってはならないのだ。

一九九五年のオウム真理教による一連の事件について、教団の背後にロシアの国家的関与があるのではないか。当時の外事警察は、そんな視点から容疑解明に当たっていた。

同年三月二〇日朝、オウム真理教は東京の地下鉄でサリンを使った大規模テロを実行した。

当時、警察庁外事課理事官だった私もテロの対象となった地下鉄路線の利用者だった。運行中止となったため、「国会議事堂前駅」で下り、テロ事件発生に似付かわしくない青空の下、総理官邸を背に茱萸《ぐみ》坂《ざか》を下って霞が関の警察庁へ急いだ。

登庁すると既に全庁がサリン事件の対応に当たっていたが、夕刻、国際テロ関連の新たなニュースが飛び込む。

ロシアへの一二〇回以上の渡航記録

一九七四年一〇月の三井物産爆破事件で逮捕された「東アジア反日武装戦線・大地の牙」のメンバーで、日本赤軍による「ダッカ事件」で釈放されていた浴田由紀子元受刑者が、ルーマニアで身柄拘束されたとの一報だった。

渉外・調整の担当だった私は、サリン事件対策室を一旦離れ、検察庁との調整・協議に当たった。我々は浴田の所在を求めて、一定期間ルーマニア当局と作業を継続してきたが、当該情報活動は明かされるべきことではなかった。

検察との協議は、警察がいつから浴田拘束の事実を知っていたかを争点に揉めに揉め、日付をまたいだ。若気の至りで、「そんなに気に入らなければ、検察の判断と責任において、浴田を釈放したらいい」と開き直って、啖呵《たんか》を切ったことを憶えている。私にとっての「三・二〇」は、そんな長い一日となった。

数日後、直属の上司、小林武仁外事課長から、「オウム真理教の実態解明、就中、ロシアとの関係に焦点を当てるように」との指示を受けた。

小林課長は、オウム真理教が麻原彰晃を国家元首に見立てた擬制国家の建設を目指し、国家転覆を企図していることや、教団幹部がロシアへの渡航を繰り返していた点などに着目し、警備公安警察が前面に立って取り組むべきだと強く認識されていた。

オウム真理教は化学兵器を使ったクーデターを起こそうとしたが、その背後にロシアの国家的関与はなかったのか。外事警察として、最大の眼目はそこにあった。

外事課長を総指揮官として、我々は、オウム真理教の海外での活動実態を解明するためのプロジェクト・チームを発足させた。調整担当の私、海外対策を総括する折田康徳国際テロリズム対策室長、それぞれの下で、課長補佐クラスに実務に当たってもらった。

まずプロジェクト・チームは、オウム真理教の麻原以下、主要メンバーとロシアとの関係を調査した。これは教団関係者の海外逃亡を阻止するためでもある。そして、サリンなどの毒物や銃器などの武器の製造実態や入手経路の特定も重要課題だった。

また、一連のオウム真理教事件に高い関心を示していた米国やその他友好国への協力も、安全保障上の信頼関係維持のために必須だった。

そこで我々は、教団幹部らのロシアへの渡航状況を調査した。情報収集・分析の統括は、高須一弘外事課課長補佐（後に近畿管区警察局長）に当たってもらった。

「麻原は○回、上祐史浩《じょうゆうふみひろ》『ロシア省大臣』は×回、早川紀代秀『建設大臣』は△回、新實《にいみ》智光『自治大臣』は□回」――。想像を遥かに超えた数字だった。教団幹部の中には渡航歴が一〇回以上に及ぶ者もおり、麻原とその家族、幹部ら二四人で計一二〇回以上に上っていたのだった。

この異常な回数に及ぶ渡航の目的は何か。緊密な関係を利用して、ロシアへ逃亡するのではないかとの危機感を強く持った。

実際、国内にいると思っていた上祐史浩は、当時ロシアに滞在していたのだ。

逃亡阻止の方策を検討した結果、旅券法に基づく旅券返納命令で対応することにした。外事課の筋伊知朗《すじいちろう》課長補佐（後に警察庁政策立案総括審議官兼公文書監理官）を中心に、旅券返納命令をはじめとする水際対策を取りまとめてもらった。

刑事警察との考え方の違い

解明作業を続ける中で、我々は、オウム真理教が国家を敵視して過激化、武装化する過程にも注目した。

オウム真理教の組織機構は、あたかも政府の行政組織のような構造になっていた。これは宗教団体としては極めて異例なものだった。

例えば、一九九五年五月時点の教団の組織図では、「尊師」を頂点に側近機構として「法皇内庁」（長官：中川智正）と「法皇官房」（事実上のトップ：石川公一）が置かれた。このほか、「大蔵」「法務」「外務」「文部」「厚生」「科学技術」「郵政」「労働」など、当時我が国に現存した省庁の名称を冠した部署もあった。

また、「防衛」「諜報」「建設」「治療」「自治」の各省庁に非合法活動を担う組織が存在していたことも明らかになった。宗教団体風な部署名として、「新」「東」「西」の三つの「信徒庁」があり、中には、「究聖音楽院」といったものもみられた。

こうした「省庁」の実態は、国家の行政組織とは比べるべくもないが、「防衛庁」や「諜報省」「外務省」では、警察などの「敵」に対する情報収集や渉外活動を行っていた。つまり教団を国家的なものと位置づけ、既存の国家と対等な関係にあると考えていたことがうかがえる。

実は警察内部ではオウム真理教をめぐり、刑事警察と、外事警察を含む警備公安警察との間で、捉え方が大きく異なっていた。

刑事警察は、教団を非常に統率度が高く、大がかりで悪質な犯罪組織とみて、捜査第一課を中心に立件を目指していた。

これに対し外事警察は、ロシアのような外国との深い関係も視野に入れつつ、クーデターによって国家転覆を目指す組織である可能性に留意して実態解明を進めていた。根拠は、既に述べたような麻原を頂点として省庁制を敷いた擬制国家が、ロシアと武器の入手などで連携しているという事実に基づくものだった。

現に麻原は、一九八六年に信者（当時は「オウム神仙の会」）を前に、「武力と超能力を使って国家を転覆することも計画している」などと発言している。

一九九〇年には、衆院選に真理党として候補者を擁立したが、全員が落選。麻原は惨敗の理由を「国家に負けた」と説明しているが、その後の方向性について「オウムは反社会、反国家である」と檄を飛ばし、国家や警察、マスコミに敵意をむき出しにするようになっていった。

我々は、オウム真理教が「国家権力の掌握を目指して、変貌を遂げてきたのではないか」とみていた。衆院選落選の後、麻原は権力奪取の手段を民主的な形から過激な暴力主義的な形にシフトしたということなのだろう。

五〇〇万ドル寄付の「効果」

ソ連は、一九八八年から九一年一二月にかけて崩壊の道を一気に進み、統一国家としての統治システムは機能不全に陥った。国内は混乱状態に陥り、国家保安委員会（KGB：Комитет Государственной Безопасности）などの特権を持つ機関、政治力を保持する個人や団体を中心に、国内外に「支援者」を求めるようになっていた。

ほぼ同時期の一九八七年、オウム真理教は、「ロータス・ビレッジ構想」を発表する。太陽電池をエネルギーとし、独自の学校や病院などを地域内に建設し、自己完結したサンクチュアリを建設する「日本シャンバラ化計画」を実行に移そうとしたのだ。

ソ連とオウム真理教。一九八八年から九一年にかけての両者の動向を重ねると、ソ連が崩壊へと向かう混乱期に、オウム真理教は「国家」を目指して政府や警察など外部に対する攻撃性を強め、国家転覆を企図する集団へと変化したことが分かる。彼らはソ連という崩壊しつつある国家より染み出す体液から、国家の本質を構成するエキスを得ようとしていたようにすら見えた。

オウム真理教がソ連・ロシアから影響を受けたとするならば、それはどのような事象で、どのような形でなされたのか。プロジェクト・チームが、全国の外事警察からの情報を基に分析したところ、オウム真理教とロシアとの関係は次第に明確に描き出されていった。

目を引いたのは、ソ連崩壊直前に構想され、その後消滅した「ロ日大学・ロ日基金」の存在だ。エリツィン政権下、日本側が資金をロシア側に援助し、その見返りとしてロシア側から便宜供与を受ける一種の権益管理スキームだった。

同大学・同基金は、ボリス・エリツィン大統領の設立許可の下、オレグ・ロボフ国家安全保障会議書記が学長（基金総裁）となって開設された。運営にはレオニード・ザパルスキー元経済省次官、ヴィーリー・コスチャク科学アカデミー教授、元KGBのアレクサンドル・ムラブヨフ（「グルーマー社」社長）などが関与したとみられる。ロシア側ではこのほか一〇人の名前が設立メンバーとして挙げられた。

海外進出を検討していたオウム真理教側は、ロシア進出を仲介するコンサルタント的な日ロ友好団体の主宰者（日本人）を通じ、ロシア側のニコライ・ボリソフ元公使を介して同大学・同基金にアプローチした。

実は、既にボリソフ元公使は、我が国の外務省や通産省、さらには経済団体連合会（経団連）、大手商社、ゼネコンなどに同大学・同基金への資金援助を働きかけていたが、いずれも進捗ははかばかしくなかった。そうした中オウム真理教から五〇〇〇万ドルの寄付を提示されると、同大学・同基金はそれを受け入れ、さらにロシア政界への橋渡しなど便宜供与の見返りとして献金一〇万ドルをも受け取った。

資金提供の効果は、程なくして現れる。オウム真理教はロシア高官との関係を構築し、現地での宗教法人登録や商業活動の認可、教団関係者へのマルチビザ発給と減税措置などの便宜を短期間で得るのだった。

さらに、一九九二年九月には上祐をトップにモスクワ支部を開設する。最終的には旧ソ連地域に計六施設、ロシア人信者は公称三万人にまで膨れ上がった。オウム真理教は、「ロシア救済ツアー」なども企画しているが、このツアーにはユーリー・ルシコフ・モスクワ市長やアレクサンドル・ルツコイ元副大統領、ルスラン・ハズブラートフ元最高会議議長らが介在した可能性があった。

KGB元幹部をスカウト

我々は、オウム真理教がテロ活動に転用し得る技術や物資をロシアから入手した可能性も追及していた。

例えばレーザー兵器、ウラン、軍事用ヘリコプター、毒ガス用の検知器と防毒マスク、自動小銃などだ。中でも我々の最大関心事は、やはりサリンの製造ノウハウだった。

また、現地で設立し、人材を募集した警備会社「オウムプロテクト」には、ＫＧＢから元幹部二人を迎え入れ、元特殊部隊員も雇い入れていたという。こうした人材は、化学兵器や生物兵器を使った市街地でのテロ作戦や、逆にそうした攻撃から身を守る術《すべ》を訓練で身につけている可能性もあった。

結局、オウム真理教とロシアとはどのようにつながり、オウム真理教はロシアから何を得たのか。情報の分析と評価の結果、プロジェクト・チームが得たのは以下のような結論である。

まず、資金のつながり。オウム真理教は「ロ日大学・ロ日基金」のルートを通じて、ハズブラートフ元最高会議議長やパーヴェル・グラチョフ国防相らロシア政界や軍部の要人に面識を得ていた。また、エイズ撲滅運動や無料診療所の開設を申し出て一〇〇万本の注射針を寄贈したり、資金を提供したりする代わりに多くの便宜を供与された。

特筆すべきは、ロシアのテレビ局「２×２」の番組枠を取得したこと、またラジオ局「マヤーク」と年間八〇万ドルで契約し、ロシア通信省から日本向け放送の電波枠を獲得していた点である。

武装蜂起後、こうした電波を通じて、教団の正当性を日本に向けて発信し、プロパガンダの拠点とするつもりではなかったのか。

オウム真理教に協力的だった諜報機関

次に、ロシア側がオウム真理教の軍事化のための技術情報や装備、訓練などを提供していたことである。二〇回に及ぶ訪ロ経験を持つ武闘派の早川紀代秀が残した「早川ノート」には、メンレーフ化学研究所への接近を考えていたと記載されているが、その目的はサリンなどの毒ガスの入手だった可能性がある。

そして、国家保安委員会（ＫＧＢ）や連邦軍参謀本部情報総局（ＧＲＵ：Главное Разведывательное Управление）といったロシア側諜報機関がオウム真理教に極めて協力的であったことも、注目すべき事柄であろう。オウム真理教が対露接近する窓口となったのは、情報機関と関係があるとみられる元駐日公使であった。

また、上祐がトップを務めたオウム真理教のモスクワ支部に所属したグスタフ・ツァーリン（仮名）というロシア特殊機関出身の通訳が、ロシア有力紙記者に対し、現地のオウム信者にロシア軍化学部隊員がいることを認めていた。

このほかの注目点としては、ロシア国内におけるオウム真理教の企業活動だ。貿易から建設企業まで業種は多岐にわたるが、とりわけ「ホワイトロータス」社はいわゆる「身分のロンダリング」のための企業で、実際にはロシア人の学生らに化学研究をさせていたと言われている。このように調べれば調べるほど、ロシア側はオウム真理教の武装化に協力していることが明らかになった。

オウム真理教の地下鉄サリン事件が、化学兵器を使った初めての都市型テロとして米国などから関心を集めたことは既に述べたとおりだ。調査・分析活動の一方で、我々は、来日調査に訪れた諸外国の治安機関等への対応にも追われていた。

一九九五年三月三〇日に國松孝次警察庁長官が銃撃されると、外国機関の関心は一層ヒートアップしていく。オウム真理教の国家転覆計画が、ついに我が国の治安機関中枢への直接攻撃に及び、全面戦争に入ったと認識していたのではないか。

豪州でも毒ガスを使用

一九九五年四月三日には、豪州の捜査機関が警察庁を訪ねてきた。

現在の中央合同庁舎二号館に建て替えられる以前、旧人事院ビル内にあった警察庁外事課長室は天井が高く、かなり広かったが、課長以下我々警察庁側と、大柄な豪州人四、五人が顔を突き合わせるには窮屈で、結局、先方の一部は課長室の外で待機してもらった。豪州側には切迫感があった。詳細な情報を聞いて我々は驚いた。

豪機関によれば、一九九三年九月、麻原や「科学技術省」幹部ら二〇人が豪州を訪問。ウランの採掘を前提に土地を探し、良質なウラン鉱脈で有名なバンジャワン（パースから北東へ七〇〇キロメートルの内陸部）に土地を購入していた事実が判明したというのだ。

さらに同地での、毒ガスの実験的な使用をうかがわせる不審な羊の大量死とその焼却に関する情報ももたらされた。オウム真理教の核関連物資調達疑惑をめぐっては、「早川ノート」にも、ロシア高官と核弾頭の値段を話し合ったと記されていた。

豪州からは別の機関も来日していた。我が国で化学兵器テロを行ったオウム真理教が、自国でウラン採掘や核兵器開発の拠点を設置する計画をもっていた事実に、豪州の危機感は高まっていたのだろう。

しかし、地下鉄サリン事件に最も高い関心を示したのは米国だった。米国は、事件発生直後に、我が国の医療機関を中心に、症状や治療の有効性などに関する情報を血眼になって収集したという。米国が関心を持った理由は、大まかに三つあると考えられる。

まず、①軍以外で製造された化学兵器が犯行に使用されたこと、②テロ組織化したカルト教団が引き起こした事件であること、そして、③生活のインフラである公共交通機関を舞台に都市型の大量殺傷テロが引き起こされたこと。さらに言えば、その現場が巨大な密閉空間である地下鉄だったことだ。

米国機関との長い付き合いから、彼らがどんな情報を求めているのか、私にはよく分かった。オウム真理教はサリンの製造ノウハウをどこから入手したのか。数多く存在するテロの手法のうち、なぜ地下鉄でサリンを撒く方法を選択したのか。そして何より彼らは、米国が都市においてサリン攻撃を受けた場合、どのように被害を極小化し、攻撃主体に対抗すればよいか、その手がかりにつながる情報を最も欲していた。

米国はおそらく、日本での収集情報を基に、時間帯、場所、気温・湿度、風力・風向といった環境、毒ガスの種類、濃度や撒布量、現場の人流などの条件を変えて、コンピューター・シミュレーションにかけ、いくつかの想定シナリオを作成するのだろう。

史上初めて核兵器が用いられた広島、長崎で、投下直後に軍事的、医学的観点から徹底的に情報収集を行っていたのと変わらない。私は、彼らの情報関心と仕事ぶりに、国家意思に基づく極めて冷徹な視線を感じた。

「警察に我々を守れるのか」

諸外国機関の関心に応える作業と同時に、我々には早急に手を打たなければならない懸案があった。それは麻原ら最高幹部の国外逃亡の阻止である。国内での追跡捜査では麻原の所在が長期間分からないままとなっていた。

一九九五年三月三〇日、警察庁長官狙撃事件当日。外務省旅券課に出向いた我々が「旅券法に基づいて、麻原に旅券返納命令を発出してほしい」と切り出すと、外務省の担当官はこう言い放った。

「返納命令を発出して、もし報復テロの対象として我々が狙われたらどうなりますか。警察庁長官ですら銃撃から守れなかった日本警察に、部外者の我々を守りきれるのですか」

色々な意味で、悔しく、また、情けなかった。最終的に旅券返納命令は発出されたが、当時、我が国全体がオウム真理教の恐怖に萎縮していた証左だ。

それでは、恐怖心を煽って政治的目的を果たそうとするテロリストの思う壺ではないか——。外務省から警察庁へ戻る数百メートルの間、小雨に打たれながら早足に歩く。「警察の涙雨」という言葉が頭を過る。行き場のない怒りとも言えない感情は濡れたアスファルトにぶつけるしかなかった。

麻原が逮捕された五月一六日、私は早朝から総理官邸にいた。前日、杉田和博警備局長から「明日は忙しくなるから、金重《かねしげ》君を手伝いに官邸に行ってくれ」と指示を受けていた。内閣総理大臣秘書官付というポストができる前のことである。

金重凱之《よしゆき》内閣総理大臣秘書官（後に警備局長）の下に出向くと、机はおろか、椅子の一脚も見当たらない。結局、総理室隣接の打合せ室に陣取って警備局総合対策室との連絡要員として麻原逮捕を待った。流石に、当日は総理秘書官室でも邪魔だから退くようにとは誰からも言われなかった。

警察の勝利宣言

一九九五年五月一六日午前六時半、対策室第一回会議が開かれ、第二回会議は七時に開かれている。その時点で共有された懸念は、実は報復テロではなく、所在が分からなくなっている麻原が、見込みどおりの場所にいて逮捕できるかどうかだった。

最終的に麻原は、警視庁が踏み込んだ「第六サティアン」の偽装を凝らした小部屋に隠れていた。凶悪なテロ組織の首魁《しゆかい》としての威厳は全く感じられなかったという。

逮捕から二週間後の一九九五年五月三〇日、全国警備部長会議で杉田局長は、「オウム真理教シフトは六月上旬まで。以後、通常の勤務態勢に戻す」と指示した。これは、ある意味、警察の「勝利宣言」だったのかもしれない。

外事課のプロジェクト・チームも、ロシアによるオウム真理教への影響に関する解明作業は、一段落させることになる。

同年八月二九日、作業の総括をしたが、オウム真理教が組織的にロシアを利用しようとしていたことは事実と結論づけた。しかし、オウム真理教の国家転覆企図へのソ連・ロシアの国家的関与は明らかにならなかった。

あれから二八年。ロシアは隣国ウクライナを侵略し、世界情勢は大きな変動期に入っている。冷戦終結後、外事警察では国際テロリズム対策に人員、予算のシフトが進み、最近は米中新冷戦構造の中で、中国と北朝鮮にスポットライトが当たる。

ロシアは我々にとって常に注視の対象であることに変わりはないが、今や軍事侵攻の当事国である。ハイブリッド戦の一環なのであろうか、ロシアに起因するとみられるディスインフォメーション、サイバー攻撃等は、ウクライナ以外の地域でも頻発している。

軍事面では二三年六月六日に、我が国に対する示威行動の一環としてロシア軍と中国軍の爆撃機が日本海から東シナ海の上空を共同で飛行している。

岸田内閣は、ロシアによるウクライナ侵略以降、対露政策を大きく転換した。今後は、これまでとは異なる目で、隣国ロシアの様々な動向を注視していかなければならない。

第四章

経済安全保障——中国企業「華為《ファーウェイ》」の脅威

1987年に元中国人民解放軍所属の関係者らによって中国・深圳市に設立された華為。通信機器市場において世界トップクラスのシェアを誇る（Sipa USA/時事通信フォト）

中国の脅威の本質は、「軍民融合」すなわち、軍事技術と民生技術とを国家の意思の下であらゆる手段を駆使して連携させる「複合連携」とも言える実態である。

二〇二二年八月一日、「経済施策を一体的に講ずることによる安全保障の確保の推進に関する法律」（経済安全保障推進法）の一部が施行され、内閣府に経済安全保障推進室が設置され、室長には財務省出身の泉恒有《こうゆう》氏が就任した。

最先端の部品・素材、資源、機微技術・情報等が「銃弾」に勝る時代に突入して久しいが、日本もようやく、その戦線を生き抜くための独自の司令塔を得たことになる。

経済安全保障は、日米は言うに及ばず、日米豪印戦略対話（ＱＵＡＤ：Quadrilateral Security Dialogue）、Ｇ７の共同宣言等においても主要政策課題として取り上げられ、今や国際政治、国際経済を理解する上で欠くべからざる重要な概念となった。

私がその必要性を強く認識し、その領域での我が国の立ち後れに強い危機感を抱いたのは、他でもない、急速に拡大する中国の覇権主義、それを支える先端技術・情報に対する飽くなき欲求、さらにその欲求を充足するために駆使される手段を選ばぬインテリジェンス活動を目の当たりにしてきたからだ。

話は、兵庫県警本部長から警察庁外事情報部長に着任した二〇一〇年四月に遡る。そのころ外事警察は、というより我が国は、正に、中国による「目に見えぬ侵略」(silent invasion) に直面していた。

外事情報部長は、「外事課」(防諜や大量破壊兵器の不拡散を掌《つかさど》る) と「国際テロリズム対策課」の二課からなる外事情報部を統括する審議官級 (警視監) のポストだが、組織管理以上に重要な業務が二つある。一つは、外事と国際テロ対策に関し、四七都道府県の外事警察が昼夜を分かたず取り組む取締りと情報収集・分析の司令塔役であり、もう一つは、同盟国・同志国の治安・情報機関との情報交換・協議である。

外国の治安・情報機関との接触は、時間と場所を問わない。部長室の壁面を覆う特大の世界地図と卓上の大型地球儀は、もとよりインテリアとしてのみ置かれているものではない。

二〇一〇年前後、我が国を含む西側インテリジェンス・コミュニティは、中国の電気通信企業「華為《ファーウェイ》技術」による情報漏洩・窃取疑惑への懸念を強めていた。中でも、華為が情報の転送機能を持たせた半導体等を納品し、完成した情報機器から通信内容が秘密裏に中国側へ送信される――という「バックドア」の存在が、米国を中心に、安全保障上の脅威として認識されつつあった。

中国の発展がもたらす危機

私も早速、我が国に対する華為の浸透状況を調査することとなるのだが、中国に深く浸透された我が国の政界、産業界の現状が次第に浮き彫りになるにつれ、慄然とさせられることになる。

華為の企業活動は、端的に言えば、覇権主義を追求する中国という国家と一体となり、技術的手段を通じてその情報収集活動を支援し、当該活動を通じて、技術と産業において優位に立つ西側世界に挑戦し、現状変更を企図するものと言えた。「名は体を表す」というが、華為という社名、「華（中国）の為に」からも、そのことは容易に推認できる。

一方、当時、我が国では政府も産業界も、「中国の発展」が日本にもたらす経済的利益と便益に目を奪われ、危機の本質を理解せず、その侵入を易々と許していた。

当時の私は、「孤立」と「焦り」に似た思いに囚われていた。

華為――「華為技術有限公司」――は、広東省深圳《しんせん》に本社を置く電気通信企業だ。二〇〇二年には東京事務所を開設している。さらに、〇五年に日本法人「華為技術日本」を設立して、日本への本格進出を開始した。

その経営戦略は、創業者の任正非《じんせいひ》が同社第一回理事会で述べた以下の発言に凝縮されている。

「（華為は）中国の外交路線をもって国際マーケティング戦略を計画しており、これは極めて自然な選択である」

政府や公権力の規制、介入から自立して成長することを旨とする我が国や西側世界の企業観とは全く異なるものである。

あたかも華為が国家そのものであるかのごとき経営思想。「異形の大国」、中国でしか生まれ得ない企業と言っていいかもしれない。中国国家開発銀行から約一〇〇億ドルの与信枠を得ていたことも大いに頷けることだ。

創業者は研究機関の出身

東京に事務所を構えてわずか九年後の二〇一一年には、中国企業として初めて、日本経済団体連合会（経団連）に加入した。それにはこんなエピソードがある。

華為が最初に経団連に加入を打診したのは、二〇〇八年のことだ。これに対し、経団連側は事実上、受け入れを拒否している。しかし、二年後に前回とは異なる窓口、すなわち国際協力本部に対して執拗に受け入れを迫り、半ば強引に企業資料を提出する。強引であれ、経団連が資料を受け取ったことは、金融機関からの信用取り付けには大きなメリットとなった。華為は、返す刀で金融機関審査と大手証券、メガバンクの推薦を得たとして、最終的に会長承諾を経て、加入に至る。

日本の金融機関にとっても、華為の市場価値や潜在性は大きな魅力だった。例えば、二〇〇八年の国際特許出願件数を見ると、華為は、二位のパナソニック（一七二九件）、三位のオランダ・フィリップス（一五一一件）を押さえて一七三七件と、世界の技術競争でもトップを走る位置にいた。

日本の実業界が驚愕したのは、経営拡大のスピードの速さだった。二〇一〇年度の売上高は前年比二四・二％増の一八五二億元、純利益二三八億元。売上規模は、当時世界第一位のエリクソン（スウェーデン）に肉薄していた。

二〇一〇年といえば、中国が名目国内総生産（GDP）で日本を抜いて世界二位となった年に他ならない。内閣府は、一一年の推計で、中国が二五年には米国を抜いて世界最大の経済大国になるとの見通しを示していた。

日本の金融機関や大手証券がそこに商機を見いださない理由はなく、日本の産業界、財界は、「中国」という巨大な渦に引き込まれていった。

華為の事業拡大は、「国家としての中国」に支えられていた。経営幹部の来歴がそれを如実に物語る。創業者・任正非は、人民解放軍の研究機関（総参謀部第三部研究機関）出身と言われ、取締役会長の孫亜芳《そんあほう》は、情報機関である国家安全部の通信事業部門出身と伝えられていた。華為は、世界中の情報と技術、カネとヒトをバキューム・クリーナー（真空掃除機）のように吸引し、巨大化する中国の正に「化身」だった。

中国の最重要戦略は、徹底した「軍民融合」だ。これは、最先端の民間技術を積極的に軍事に転用するための国家戦略であり、現在に至るまで万古不易の方針と言っていい。その本質は、技術力の向上においても、製品化においても、軍事と民生の境界をあえて設けないことにある。

元来、共産主義中国では、国有企業は勿論のこと、企業が政府や軍、そして共産党の影響下に置かれることが多く、民間で開発された技術を軍が利用しやすい環境にある。かかる状況下で、外国企業やその研究機関を誘致し、合弁企業化して技術移転を図る。

「軍民融合」が高度に進展した中国では、たとえ民間同士の技術協力を装ったとしても、当該技術の軍事転用は雑作もないことなのだ。

シカゴで拘束された女スパイ

このように中国では、外国企業による技術協力や買収を通じた強制的技術移転は半ば常識となっているが、技術移転に消極的な外国企業に対しては、真打ちの情報機関が登場してコア・テクノロジーを産業スパイ等の不正な手段で頂戴することになる。

最近では、海外留学からの帰国組による技術導入も盛んだが、かかる事態も、当時から容易に予測可能なことだった。

外事警察の視線は、華為の世界規模での活動に移っていた。公開資料を精査するだけでも、華為の不審な動向は明らかだった。

【諸外国における華為の違法活動】

《二〇〇七年六月二三日／シカゴ空港税関／中国人女性ジン・ハンジュアン／モトローラ社から窃取したとみられる極秘文書一〇〇〇枚を発見。家宅捜索で自宅から中国軍向け電子機器ソフトに関する文書、現金三万ドル等を発見／身柄拘束／同人はモトローラ勤務時代、秘密裏に華為のための商品開発にも従事していた産業スパイとされる》

《二〇〇九年／米国家安全保障局（ＮＳＡ：National Security Agency）／中国情報機関と華為が共同開発したシステムに米国通信ネットワークを傍受するための不正プログラムが仕込まれた可能性を把握／ＮＳＡは、米通信最大手ＡＴ＆Ｔに対し、購入決定済みだった次世代電話システムに使用する機器について、華為との取引中止を勧告／ＡＴ＆Ｔは華為との契約を中止、スウェーデンのエリクソンからの購入に変更》
《二〇一〇年四月二八日／インド政府／インドで導入していた電話交換機等の通信設備機器に盗聴機能が備わったチップが組み込まれ、遠隔操作で機密を取り扱うネットワークへの侵入が可能となっていると判断／華為製品を市場から排除／華為は輸入禁止決定後、幹部をインドに派遣し、インド高官にロビー活動を展開、巻き返しを図ったと言われる》
《二〇一一年一月一七日／ネパール国境に近いインド・ウッタル・プラデシュ州警察／華為の中国人社員三人（男二、女一）を不法入国で拘束／三人はネパール側で電波通信塔を設置していたほか、カメラでインド軍の施設を撮影》
《英情報部／華為が、世界最大規模の通信事業体ＢＴグローバルサービス社（旧British Telecom社）との共同事業において、英国の電気、食糧、水道等の基幹産業を麻痺させる装置を設計していたと指摘》

日本の産業界が「抜け穴」に

我が国における華為の浸透は、技術情報の窃取にとどまらず、中央そして地方の政財界を蝕《むしば》み始めていた。

《二〇〇四年／華為職員がシカゴで開催された通信業界の総会「SuperComm2004」で、我が国大手ベンダーが出品した一〇〇万ドル相当のネットワーク設備を解体し、電気回路の基盤を撮影しているところを発見された》

《二〇〇九年一〇月／華為日本の幹部が静岡県浜松商工会議所の講演会に飛び入り参加し、取引先拡張を訴えた》

《二〇一〇年／華為は、防衛省に電子機器を納入する我が国企業にアプローチした》

《二〇一〇年五月／華為最高幹部数名は、訪中した日中友好議員連盟の幹部らと北京市内で接触し、自社製品に向けられたバックドア等のセキュリティー上の不信感解消を訴えかけるロビー活動を行った》

華為が、中国政府を後ろ盾に活動する国家ぐるみの事業体であることは既に触れたが、在日中国大使館との連携も極めて緊密だった。

在日中国企業が大使館と接触すること自体は、決して不自然なことではない。その場合、接触対象は主として商務処である。華為において特徴的なのは、技術情報の収集分析等を担う科技処との接触に最大の重点を置いていたことだった。この事実が何を意味するかは、語らずとも明らかだろう。

華為と在日中国大使館（ひいては中国政府、中国共産党）の動きを重ね合わせて考えると、日本の産業界は、既に中国が軍民共用で利用できる重要情報を窃取する制度上のループホール（抜け穴）になっているようにすら思えた。これは、当時、外事警察に突きつけられた大きな挑戦だった。

「軍」と「民」に情報機関が加わったトライアングルで、先進諸国の機微技術・情報を奪う。一〇年以上の時を経て、中国はその世界戦略を隠すこともせず、むしろ公然と強く打ち出している。

二〇二一年三月に採択した五カ年計画によれば、「軍民融合」を進め、ＡＩや量子技術などの分野で発展を急ぐ方針である。習近平国家主席自身、同年一〇月に開かれた軍の装備品をテーマとする会議で、この五カ年計画を着実に実施し、「中国人民解放軍建軍一〇〇周年」の二〇二七年の奮闘目標実現に向け、積極的に貢献することを求めている。

民間技術を国家的規模で活用して軍事的優位を占めることに心血を注ぐ中国――国家と企業

との相違を論じることは最早無意味だ——に、たとえ民生技術であっても先端技術・情報を盗み取られれば、我が国にとって、それは直ちに安全保障に直結する死活問題となりかねない。

洞爺湖サミットの無線基地

当時の分析では、情報漏洩・窃取に対する脆弱性《ぜいじゃく》は、技術情報にとどまらないことも明らかになっている。

例えば外交機密が飛び交うマルチの首脳会議の場だ。日米英仏独伊加露（当時）とEUの首脳が一堂に会した二〇〇八年七月の北海道洞爺湖サミットでは、同会場周辺で無線通信基地局を設置し、サミットの取材に参加したメディアにデータカードを無償で配布し、通信の便宜を図ったのは他でもない、華為だった。

一般論として、サミット参加各国の首脳やデレゲーションは、本国との機微な通信では専用の暗号化回線を使う。暗号化回線は内容の傍受は困難とされる。ただし、各国から一〇〇人規模で来訪する外交団の中には、暗号化がなされていない一般回線を用いる場合も勿論存する。

この際、通信の保全に隙が生じた可能性も排除できない。特に、各国の政府筋から得られたメディアの取材情報は、一般回線でやりとりがなされる。華為の技術的、企業的貢献により、中国にとって、情報収集の効率は極めて高かったものと推察される。

情報漏洩・窃取が懸念されるデバイスが内蔵された製品は、実は、日本政府にも納入されていた。防諜を掌る警察庁に納入された資機材にも、華為の部品が内蔵された国内メーカー製品が含まれていたことが判明している。

バックドアを通じた情報漏洩・窃取に利用されるか否かを直ちに断じることはできなかったが、我々は常に「華為リスク」を念頭に、情報を取り扱わなければならなくなった。

ソフトバンク買収に「待った」

これまで縷々《るる》述べてきたのは、単に過去を振り返るためだけではない。国家戦略と一体となっている華為の「目に見えぬ侵略」は、実に巧妙であって、それと気づかせずに現在も続いているのだ。

外事情報部長時代に得たこの危機感は、二〇一一年一二月に内閣情報官に着任し、その後、国家安全保障局長に就任してからも抱き続けてきた。

二〇一二年に二度目の政権に就いた安倍晋三内閣総理大臣は、既に「力」と「情報」の両面で現状変更を試みる中国の世界戦略に注目していた。その政権の下で、内閣情報官として諸外国との連携の一翼を担った私は、米国が中国と本気で対峙する「米中新冷戦」の深淵を垣間見た。

二〇一三年、通信大手のソフトバンクが、米国通信大手のスプリント・ネクステル社を買収した。この際、対米外国投資委員会（ＣＦＩＵＳ：Committee on Foreign Investment in the United States、シフィウス）の審査を受け、①特定の状況において、スプリントの通信機器購入に関し、米国政府が拒否権を有すること、②ソフトバンクは華為由来のデバイスの機器を取り除くことなどを条件に承認を得ている。

ＣＦＩＵＳは、米国財務長官を議長に米国の企業、事業及び技術に対する外国からの投資を国家安全保障の観点から審査する委員会で、経済や通商に限らず安全保障に関連する一六省庁――国防総省や国務省、商務省、国土安全保障省等――で構成されている。

外国からの投資について、米国企業を経済安全保障の観点から守るための組織で、当然、審査には米国インテリジェンス・コミュニティの意見も色濃く反映される。

審査は、対象としている案件と結果を公表せず、極めて慎重、厳格なことで知られ、我が国の経済界も常にその動向には注目している。そのＣＦＩＵＳが「待った」をかけたことは、経済界では極めて重く受け止められた。

この事件の直後、同業出身の米国の友人が来日して昼食をともにしていたときのことだ。この件が話題になった。

「シゲル、今回の買収の帰趨《きすう》には注目しておいた方がいい。米国政府の中には、今回の買収が『トロイの木馬』だと言う者がいる」

何とも意味深長な発言だったが、当時のワシントンの空気を物語っていたのだろう。

内閣情報官という職務を通じて「米中新冷戦」の最前線にいて思ったのは、経済安全保障を全うしようとする意思は、指導者の認識そのものに基づいているということだった。

中国とどのように向き合うかという問題は、一国の経済・通商政策を大きく左右する。現在の中国の存在は、それほどまでに大きい。

そうした中で、我が国と米英加豪ニュージーランドのいわゆる「ファイブアイズ」では、二〇一〇年代にはこの問題に関する危機感の共有が進んだ。一方、欧州では、なかなか中国の国家戦略と華為の脅威に対する認識は深まらなかった。

独国防次官との非公式会合

安倍総理は、ドイツのメルケル首相とは幾度も会談していたが、二〇一九年二月四日に首脳会談を行った際、同首相は、華為の脅威には極めて懐疑的であったという。結局、安倍総理は中国の脅威の実像に迫り、情勢認識を共有することが先決であると考え、職員を派遣して、共同で事に当たることとなった。

当時ドイツの国防次官であったハインリッヒ・ライシュ氏（仮名）とは、彼の前職時代にカウンターパートとして懇意だった。件《くだん》の日独首脳会談直後の同月一五日、ミュンヘン安全保障会議（ＭＳＣ：Munich Security Conference）の場で、先方の求めに応じて、会場であるホテル内のバーで彼と非公式に接触した。

私は、華為に対する日本国政府の考えを縷々説明したが、彼は、「（華為製品の脅威の存在につき）政府の上層部を説得するには『明白な証拠（smoking gun）』が必要」と繰り返していた。率直で貴族的雰囲気を醸し出す彼の立論も理解できないわけではなかった。

しかし、バックドアは、特殊な信号等でアクティベートすることが通常であり、政策変更に当たり「明白な証拠」を要求すること自体が、製品排除の否定、華為の肯定につながる論理だった。

ドイツなど、東アジアから地理的に遠い欧州の国々にとって、中国は巨大で魅力的な市場に過ぎず、中国の長期戦略に対する正確な情勢認識に至ることは難しい。というよりむしろ、正確な情勢認識からあえて目を背けようとしているのではないかとすら思えた。

安倍政権は、中国という国家のありのままの姿を西側社会とも共有するために努力し、対応の基本線を築いたという意味で、国際社会に貢献できたと私は考えている。

ITT（見えない技術移転）に目を光らせるべき

今さら言うまでもないが、エネルギーや情報通信はもとより、交通、物流、金融から水道、医療……。これらの産業は、国民生活の維持に不可欠であるにもかかわらず、我が国は他国への一方的依存にあまりにも無頓着だった。特に、有事にその機能が阻害されれば、国民の生命、身体、財産の安全を左右する。

かかる事態を避けるためには、平時から重要物資のサプライチェーンを強靭化し、基幹インフラのネットワークの脆弱性を克服し、人材・知識の流出というITT（Intangible Technology Transfer、見えない技術の移転）に目を光らせていなければならない。

安倍政権の最終盤の二〇二〇年、私が国家安全保障局に経済班を設置したのは、外事警察の一員として、長く中国の対日有害活動や「影響力行使」（Influence Operation）を見てきたことが大きい。警察庁外事情報部長の任にあった二〇一〇年から数えて一二年の歳月が経過し、経済安全保障推進法はようやく成立したが、経済安全保障政策はまだ緒についたばかりだ。

経済安全保障政策の実効性をさらに高めるためには、①外国企業による国内企業買収やコア企業の懸念国に対する対外投資などによる機微技術の流出を阻止するための対策の更なる強化、②民間人が国の機密情報を扱える資格制度（セキュリティー・クリアランス、適性評価）の拡充、③中国によるデータの囲い込みが進む中、ＤＦＦＴ（Data Free Flow with Trust、信頼性のある自由なデータ流通）により自由なデータの流通を確保しつつ、プライバシー、セキュリティー、知的財産権の保護等のデータの保全を強化すること、などが挙げられる。

新型コロナウイルス感染症対策ではヘルスケア製品とワクチン、医薬品が経済安全保障上プロアクティブなエコノミック・ステートクラフト（経済的国策）と考えられ、ロシアのウクライナ侵略ではエネルギーと食糧がやはり同様な手段と認識されている。

こうした不透明な時代に生きる我々にとって、経済安全保障は、国民の日常生活を守る上で死活的に重要な政策課題となった。

第五章

不正輸出を摘発せよ——

1992年に金日成の80歳を記念して、在日韓国・朝鮮人の寄付を集めた資金で建造された「万景峰92」（共同通信）

北朝鮮は最高人民会議（第一四期第七回会議）の二日目に当たる二〇二二年九月八日、新たな核武力政策（法律）を採択した。

ここで注目されるのは「核兵器の使用条件」として「指揮統制体系が危険にさらされた場合、事前に決定された作戦方案によって核打撃が自動的に即時断行される」と規定したことだ。言わば金正恩《キムジョンウン》国務委員会委員長が「斬首作戦」（北朝鮮が全面戦争を決断する前に、先制攻撃で意思決定機関を除去するための作戦）で排除されても、また、北朝鮮の指揮中枢そのものが直接打撃を受け、減衰しても、核攻撃の決定を下す可能性を示唆したものだろう。

この政策表明は、ロシアのウクライナ侵略や、北朝鮮にとっては米国の「敵視政策」そのものと映る「最大規模の米韓合同軍事演習の実施」など、現在の世界情勢を捉えた内外への示威と見えなくもない。

それにしても、核やＩＣＢＭを持ち出す北の挑発に接する度に思うことがある。それは、その研究、開発に利活用された物資や技術の少なからずが、日本国内の調達拠点から送られたものだという事実だ。

「万景峰92」号

二〇〇四年八月から二年間の警察庁外事課長時代、私は新潟に入港する北朝鮮貨客船「万《マン》景峰《ギョンボン》92」号——我々は当時略して「マンギョン」と呼んでいた——をしばしば直接、視察していた。

私がこの「現場」を重視したのは、北朝鮮の体制維持に直結するヒト、モノ、カネ、情報が、この船によって持ち出され、一方でこの船を通じて北朝鮮から日本人拉致を含む秘密の工作指令がもたらされていた事実を重く見ていたからだ。

マンギョンは、新潟西港に入港する直前、信濃川河口沖の日本海で時間調整のため、しばし遊弋《ゆうよく》する。

遠景にあるその白い船体から視線を落とすと、新潟西港は、九・一一を反省教訓として改正されたSOLAS条約（The International Convention for the Safety of Life at Sea、海上における人命の安全のための国際条約）に基づき、厳重に緑色のフェンスが張り巡らされている。フェンスは、テロ対策の目的だけではないのは明らかだった。

マンギョンは、緩々《ゆるゆる》と入港し埠頭におもむろに横付けすると、屈強な甲板員が岸壁に係留索を投げ落とし、地上では作業員が黙々と索の輪をビットに通す。酔うようなC重油の排ガスの中で捲揚機《まきあげき》が動き、船体がゆっくりと岸壁に引き寄せられていく。傍の新潟県警外事課員の表情にかすかに緊張が走る。この入港の光景を、私は今でも時折、思い出す。

マンギョンは、日朝連絡船としては「三池淵《サムジヨン》」号、「万景峰」号に次ぐ三代目に当たる。進水は一九九二年。金日成《キムイルソン》国家主席の傘寿を記念し、在日本朝鮮人総聯合会（朝鮮総聯）の幹部・有志や在日朝鮮商工人らの「イルクン」——熱心な組織幹部、活動家。日本語に直訳すると「働く人」——らが寄贈した。北朝鮮に親族を残す（実質的に人質を取られていると言ってもいい）在日朝鮮人活動家にとっては、「金王朝」に示した「忠誠の証し」でもあった。

二〇〇六年夏に我が国が発動した対北朝鮮制裁措置で入港が禁止されたが、それまでは元山《ウオンサン》と新潟を往復し、朝鮮学校の修学旅行生や在日朝鮮人の祖国訪問者らの足として利用されていた。一九九六年には、あのピースボートが借り上げたこともあった。

忠誠心を得るための日本製品

だが、この船には別の側面があった。例えば現金の持ち出し。多額の現金は申告額ギリギリに収めて個人手荷物に分散して持ち込み、現地で回収する。薬物密輸でいう「ショットガン方式」である。

かかる手法が使われること自体が、この船が組織的、脱法的に北朝鮮経済の一部を支えていることを示していた。

船の特性上、外事警察はマンギョンの入港時、新潟県警はもちろん警視庁などからの出張者も含め、警戒監視に当たってきた。特に留意したのは船に出入りする者に関し、国籍や職業、性別を問わず人定事項を確認することだった。根気のいる仕事だが、出入者を正確に特定することは、対北朝鮮インテリジェンスとして極めて重要な作業だった。

外事課長就任前年の二〇〇三年、朝鮮総聯元幹部の男（当時七二歳）が船内で船長から対韓国工作指令を受けていた事件が、警視庁に摘発された。同年六月には、イラン向けミサイル関連物資不正輸出事件の突き上げ捜査で「ジェット・ミル」（ロケット燃料の製造や核開発に転用可能な超微細粉砕装置）などがマンギョンで北朝鮮に積み出されていたことが判明。一九九八年に警視庁が摘発した、スクーバ用高圧ボンベ用ダブルバルブの対北朝鮮不正輸出事件では、水中の特殊活動にも耐えるバルブがマンギョンで持ち出されている。

この船に絡む数々の犯罪……。それは結局、北朝鮮の物資調達における、朝鮮総聯やマンギョンというインフラやツールが整った日本という拠点の死活的重要性を端的に示していた。

外事課長時代、私は北の物資調達経路や、北にとっての「日本製品」の持つ意味、現地での消費実態の解明を強く指向していた。

霞が関の外事課にあるハンドル式スタックランナーの書庫に納められた膨大な資料のみならず、都道府県警外事課に情報関心を発出して得た多くの情報を併せて精査し、都道府県警の外事課との意識共有も進めた。

当然ながら、北の物資調達の最重点は、エネルギーや、核・ミサイル開発関連の戦略物資である。しかし、それ以外にも、北が欲する物資は一つ一つ、意義付けや重みが異なった。

金正日国防委員長とその家族の健康や暮らしの維持、娯楽を充実させる高級品や、金国防委員長が忠誠心を得るため、側近や有功者への下賜品に用いる高級な品々——政権末期は新築マンションの一室を渡すこともあった——は、マンションは別としても品質の良い日本、欧州製が重用されたことは想像に難くない。

次に、平壌住民（二〇〇万〜三〇〇万人の特権層）が消費する食糧、衣類等の日用品である。当時、指導者レベルから特権市民に至るまで、化粧品や医薬品、食糧、衣類、家電製品から車などは日本製品が最も好まれていた。

二〇〇〇年代半ばまで、北朝鮮中枢への物資調達は、既に述べたように、インフラとして朝鮮総聯や対北貿易を手がける在日朝鮮人らが存在していることから、日本が軸だった。

外事警察は、それを放置すべきではない。私は、不正輸出のインフラたり得る朝鮮総聯や対北貿易商社の動向に関する情報を粛々と集め、摘発し、実態解明に努めることにした。

そうした中、外事課長就任二年目の二〇〇五年、警視庁公安部による摘発をきっかけに、朝鮮総聯の傘下組織「科協」が北朝鮮の兵器研究に関連して非常に活発に活動していた実態が明らかになる。

自衛隊の反撃能力が「流出」

「科協」は、正式名称「在日本朝鮮人科学技術協会」。自然科学研究者や専門技術者の集団だが、会員にはロケットエンジンから核開発、素材工学や有機化学等々、北朝鮮の軍事技術発展に必須の領域専門家が多く含まれ、中には、東大、京大、東工大等の大学や大学院で高度な研究を重ねた者も存在した。かねてより、北朝鮮の大量破壊兵器の研究・開発に関与しているとみられてきたが、活動実態はほぼ闇に包まれていた。

そこに、公安部が薬事法違反容疑で切り込んだ。公安部は「科協」幹部二名を逮捕。幹部が経営するソフトウェア会社を家宅捜索したところ、防衛庁（当時）のミサイル関連技術の資料が見つかる。

資料には、防衛庁が研究していた「〇三式中距離地対空誘導弾システム」（中ＳＡＭ《ちゅうサム》）に関するデータの一部が含まれていた。ＳＡＭは、地対空ミサイルを意味する英語Surface-to-Air Missileを略したもので、文字どおり空中から接近する敵戦闘機や飛翔体などを地上から発射して迎撃するミサイルである。家宅捜索で見つかったのは、中ＳＡＭに関する資料で、表紙に「平成七年四月二〇日」と作成日の記載。そこには中ＳＡＭが目標を迎撃できる高度、距離、範囲などに関するデータが含まれていた。

中ＳＡＭの導入を検討していた防衛庁は、一九九三から九五年にかけ、研究開発を三菱電機に委託した。三菱電機は、研究に関する社内報告書の作成を三菱総合研究所に再委託したのだが、三菱総研はさらに、関連業務の一部を外部委託した。この委託先が「科協」幹部の男が社長を務める東京のソフトウェア会社だった。

ソフトウェア会社から押収した資料は、防衛庁が三菱電機に委託した「将来中距離地対空誘導弾システム（中ＳＡＭ）の研究試作」と題された報告書にある図表数点と一致した。検証の結果、自衛隊法上、機密レベルがかなり高いことも分かった。資料の流出は、我が国が攻撃を受けた場合の自衛隊の反撃能力を北朝鮮にさらしてしまったことになる。

事件の背景には、当時の北朝鮮中枢と朝鮮総聯の非常に緊密な関係があった。そして、「科協」は、北朝鮮の軍需科学の根幹を支える役割を担っていた。今でいうＩＴＴ

(Intangible Technology Transfer) の中核組織と言っていい。

我が国から北朝鮮に流出した科学技術が、北朝鮮の軍事技術の向上に悪用され、結果的に核・ミサイルとなって日本を脅かしている——正に機微技術の流出が国の安全保障に直結することを証明する事件だった。

我が国が受けた被害は、現在も継続し、むしろ増幅しているのかもしれない。

日本に根を張った北朝鮮の調達インフラが暗躍する事件はその後引きも切らず、二〇〇六年八月一〇日、山口、島根両県警が生物兵器製造に転用可能な凍結乾燥機の不正輸出を摘発した。対北朝鮮貿易を手がける商社が、北朝鮮からのオーダーを受けて国内メーカーに台湾向けと称して発注し、迂回輸出で北朝鮮に送る。最終顧客は生物兵器製造関与の疑いありとして経済産業省のユーザーリストで規制されている「烽火《ボンファ》診療所」(平壌普通江《ポトンガン》区域。金日成・金正日・金正恩とその家族、金正恩が認めた特別な人物だけが利用できる高位幹部専用病院。〇八年には金正日が脳手術を受け、一四年には金正恩が足首の手術を受けたと言われる)という、絵に描いたような摘発事例となった。

核実験が大きな転機

そうした中で、北朝鮮向け不正輸出捜査に大きな転機をもたらしたのは、二〇〇六年一〇月九日の北朝鮮初の核実験だった。推定出力〇・五〜一キロトン。北朝鮮はそれから一一年後の一七年九月には、その一〇〇倍以上の推定一六〇キロトン級の実験に踏み切るまでになっていく。

二〇〇六年当時、私は外事警察を離れて第一次安倍内閣で危機管理、防衛、地方自治等を担当する内閣総理大臣秘書官を務めていた。

北朝鮮外務省は、実験六日前の一〇月三日、「科学研究部門では今後、安全性が徹底的に保証された核実験をすることになる」と予告していた。いきなりの実験ではなかったが、我が国の安全保障環境に与える影響は甚大で、極めて大きな衝撃であった。

実験当日、一〇時半過ぎ、総理大臣秘書官室。

「この実験に、我が国から持ち出された物資や技術、情報がどれほど悪用されていたのか」「『科協』の活動を通じて、北朝鮮が核濃縮技術に多大な関心を払ってきたことは分かりきったことではなかったのか」「何故それを阻止できなかったのか」。私は核実験成功を報じるテレビ画面を見ながら、自問自答を繰り返した。

そんな思いを引きずりながら、官邸の留守を預かる立場として、実験の一報を韓国訪問中の安倍晋三内閣総理大臣に連絡したこと、政府の対処方針を塩崎恭久《やすひさ》官房長官、安藤裕康内閣官房副長官補とともに起案したことを記憶している。

五日後の同月一四日、核実験を受け国連は、北朝鮮への奢侈品及び武器等の輸出を禁じた安全保障理事会決議第一七一八号を採択する。我が国もこれにならい、北朝鮮を仕向地とする奢侈品の輸出を禁じ、第三国から北朝鮮へ輸出する場合でも同様の措置を採った。北朝鮮向けの不正輸出の取締りは、新たな局面を迎える。

「執拗さ」は最大の美徳

二〇〇九年四月、兵庫県警察本部長に着任すると、同県警外事課は北朝鮮向け不正輸出事案の解明に総力を挙げていた。

兵庫県警は、伝統的に外事（そとごと）に強い。特に不正輸出事犯については、蓄積されたノウハウ、神戸港を擁するという地の利、税関、入管等の関係当局間の緊密な連携と当時、他の追随を許さなかった。

着任後間もなく、椎屋法久《しいやのりひさ》警備部長が、神戸港やハーバーランドを一望する本部長室を訪ねてきた。同氏は、関西の名門灘高卒、兵庫県警察に奉職後、カンボジアＰＫＯに参加。警察庁外事課、国際テロリズム対策課に警部、警視の二階級で勤務、肝胆相照らす仲だった。

彼は、新本部長が着任早々何をしたいかは手に取るように分かっていたのだろう。「外事課が近く、北朝鮮向け大型タンクローリー不正輸出事件に着手します」との報告だった。「これを突破口に事件をどのくらい広げていくかが最大の課題だ。『執拗さ』は、常に捜査機関にとって最大の美徳だから」。私からの指示はそれだけだった。

大型タンクローリーは、所要の改造を施した上で弾道ミサイルの液体燃料の運搬への利用が強く推認された。これほど戦略性の高い物資の輸出がなぜ可能なのか。

県警外事課は、京都府舞鶴市の中古車販売会社「株式会社盛田忠雄」を経営する韓国籍の男が、輸出管理上の優遇国（当時の「ホワイト国」）だった韓国を経由して輸出しようとしたと詳細に特定していた。男が北朝鮮所在の商社「朝鮮白虎七《チョソンペククチル》貿易会社」から電子メールで発注を受け、神戸税関に対し、規制対象外である韓国向けであると虚偽申告。国産大型中古タンクローリー二台を輸出していた。タンクローリーは、韓国から北朝鮮へ「通過貨物」として送られようとしたが、釜山税関で申請却下となり、北に渡ってはいない。脅威は未然に除去されたのだ。

事件は、全国初のホワイト国経由の北朝鮮向け不正輸出の摘発だったが、県警外事課の粘り強い追及は続く。タンクローリー事件は、全体構図のごく一部に過ぎなかったからだ。

この事件は《朝鮮総聯や在日朝鮮商工人らが調達し、北朝鮮に送る》という旧来の単純な不正輸出でないことが次第に明らかになっていく。

県警外事課は、タンクローリー事件摘発翌月の二〇〇九年六月、同事件で既に逮捕した韓国籍の男を、今度はピアノやベンツなどの奢侈品を北朝鮮に不正輸出した容疑で再逮捕。さらに、同年一二月には、大阪市の貿易会社「有限会社スルース」の経営者ら二人を北朝鮮への衣類や靴などの不正輸出で逮捕した。

「金王朝」の大規模物資調達網

捜査を通じて、北朝鮮国家安全保衛部（現国家保衛省）の管理下で複数の北朝鮮企業が主導し、複数のペーパーカンパニーを動員する物資調達ネットワークの存在が浮かび上がる。日本の外事警察が初めて遭遇する北朝鮮特殊機関を巻き込んだ「金王朝」の大規模な物資調達網、サプライチェーンだった。

ネットワークの頂点に自称「厳光哲《オムグアンチョル》」という国家安全保衛部の幹部が君臨。その配下に、①

北朝鮮所在の発注元、②貨物の中継・迂回担当、③日本での調達担当という企業群が三層構造のピラミッドを形成していた。

タンクローリー事件で逮捕された韓国籍の男が経営する「㈱盛田忠雄」や、日用品を送った「㈲スルース」は③の最下層で、②の中間層の企業を介して①の階層の北朝鮮企業に物資を送っていたことになる。

また、厳光哲の直下に当たる①の階層には、既に登場した「朝鮮白虎七貿易会社」(朝鮮人民軍系)のほか、「金王朝」の資金管理を担うとされた主席宮経理部所属の「ルンラ888《パルパルパル》」、やはり「金王朝」の資金運用を担うとされた「三九号室」配下の「ルンラド貿易」と、いずれも北朝鮮で極めて重要な役割を担う企業が顔を揃えていた。

ネットワークの頂点に君臨する厳光哲は、中国の大連を足場に手広く活動していた。県警外事課は厳光哲が大連で、北朝鮮企業「新興《シンフン》貿易」の社長として船舶代理会社「大連グローバル」を管理し、誕生日パーティーで花火が輝くホールケーキを前にはしゃぐなど、派手に振る舞っていた事実を把握している。

なぜ厳光哲は野放しだったか

ここで、大きな疑問が残る。北朝鮮の核実験には、当時から一貫して批判的な中国がなぜ、大連における大がかりな北朝鮮による国連制裁違反の物資調達網を黙認していたのか。中国は、二〇〇六年一〇月の対北朝鮮制裁決議に同意し、その後、五回の核実験を経て、二二年五月に制裁案を拒否するまで、同調姿勢を取ってきた。

厳光哲は、核実験後も大連で活発に活動していた。国家安全保衛部幹部という特殊な肩書きが中国において有効だったのだろうか。

日本からの奢侈品・日用品の迂回先となった②の階層の企業「大連グローバル」はその後、我が国のメディアでも注目されるようになった。二〇一〇年六月には日本テレビの解説委員、横山武信氏が「大連グローバル」のオフィスに乗り込み、従業員らしき男に厳光哲の似顔絵を示してインタビューを試みている。従業員は、厳光哲については「知らない」。北朝鮮との取引についても「分からない」と回答している。

一方、この取材チームは、北朝鮮の元軍幹部だったという脱北者への接触に成功した。同人は、二〇〇六年に日本製品の輸出が禁止されたことで、裏ルートでの調達に変わった事実を口にした。

県警外事課の捜査では、「㈲スルース」は二〇〇六年一一月から〇九年三月の間に、北朝鮮側に一九回、不正輸出していた。物品はピアノが二〇一台（計約二〇〇〇万円相当）、ベンツが二二台（計約二三四〇万円相当）に上る。このほか約六〇〇万円分の酒類も送っていた。

この濃密な関係は厳光哲が構築したものだ。「㈲スルース」は、二〇〇〇年ごろに事業を通じて知り合い、取引関係となったが、制裁で対北輸出が禁じられ、倒産。その後、第三者を通じて北朝鮮から五〇〇〇万円の送金を受け、これを原資に会社を再興した。〇八年春に厳光哲から「大連グローバル」を介して迂回する輸出を持ちかけられ、直後に約一億円の送金を受けた。

こうした経緯を解き明かすうちに、私は物資調達任務を与えられた北朝鮮特殊機関の執念と機動力を垣間見た気がした。

制裁発動から一七年が経とうとする現在、北朝鮮の物資調達網は世界的にさらに拡大し、厳光哲のような特殊調達要員が現在も新たな物資調達ルートの開拓に暗躍していることは想像に難くない。

県警外事課は、この捜査で解明した厳光哲を司令塔とする「大連グローバル」による北朝鮮物資調達網の全容を、二〇一一年一一月、警察庁外事課を通じて国連安保理の北朝鮮パネルに情報提供した。

親交のあった米国のトーマス・デニーロ（仮名）元朝鮮半島和平担当大使に、事案の概要を話す機会があった。情報部門出身のデニーロ大使は、彼が携わった様々な北朝鮮との交渉における圧力と対話の効用をよく理解していた。

彼は、「大連ルート」の追及と北朝鮮の物資調達メカニズムの解明に大きな関心を示し、「ミスターキタムラ、これはすごい！（That's wonderful!）」と大きな身振りで評価してくれた。

私は、当時の兵庫県警外事課長であった増田美希子氏（現警察庁警備第三課長）をはじめ、この捜査に携わった全ての外事課の面々の労苦に最大限の賞賛と敬意を払いつつ、〝That's wonderful!〟の気持ちを共有したい。

第六章

ロシアの背乗《はいの》りスパイ

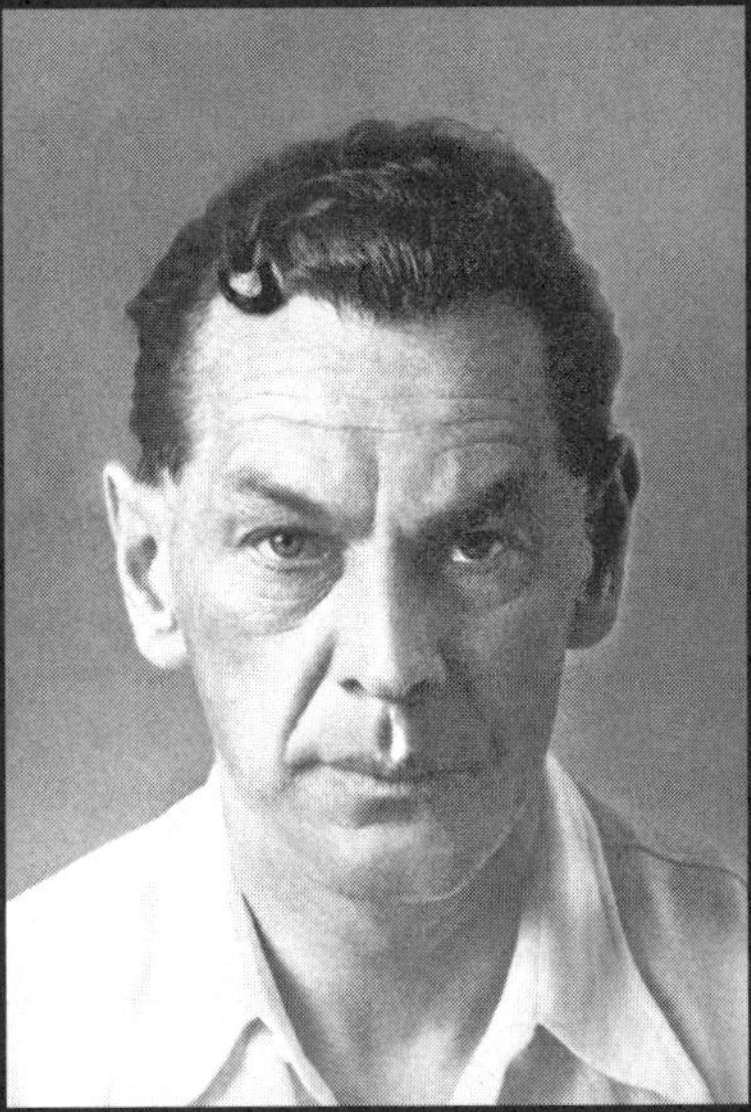

第二次大戦前から日本で諜報活動をしていたソビエト連邦のスパイ、リヒャルト・ゾルゲ。ゾルゲ事件の首謀者として1941年10月に警視庁に逮捕され、1944年巣鴨拘置所で刑死した（共同通信）

国家安全保障局長の職を辞する数日前の二〇二一年七月初旬、私は内閣府別館の執務室で私物の整理に当たっていた。「断捨離」が進み、机上には使い込んで古びた木製印鑑ケースだけが残っていた。ケースは、ある事件の容疑解明の功により、警視庁公安部外事第一課が警察庁長官賞と警視総監賞を受賞した際の記念品である。

それは、容疑解明期間が一九九五年から二年以上に及んだロシアによるスパイ事件であるが、手口の面からも時間的・地理的スケールの面からも、戦後の日本外事警察が取り組んだ中で、間違いなく難易度第一級の作業だった。

西側情報機関からの極秘情報

捜査は、一九九五年三月二三日、西側情報機関から警察庁外事課に寄せられた極秘情報から始まった。情報は、大要以下のようなものであった。

《「黒羽《くろば》一郎《いちろう》」という貴国の国民になりすましたロシア連邦対外情報庁（ＳＶＲ：Служба Внешней Разведки）のイリーガルスパイ（国籍を偽るなど身分を偽装して入国しスパイ活動を行う者）が、貴国を拠点に軍事情報、貴国の産業情報等を収集する諜報活動を展開しているとの情報があるので、確認を願いたい》

第一報が寄せられた月の初め、私は在フランス大使館での勤務を終え、外事課次席の理事官（警視正）に就いていた。

理事官の本来業務は課長（警視長）の秘書的な役割のほか、警備局内外各部局との連絡調整、課内の庶務全般の統括から突発事案対応、局長、課長の特命事項の遂行に至るまで幅広い。

だが、当時の主な事務は、①三月二〇日に地下鉄サリン事件を引き起こしたオウム真理教のロシアとの協力関係の実態解明、②地下鉄事件発生同日にルーマニアで身柄を拘束された「東アジア反日武装戦線・大地の牙」元構成員、浴田由紀子元受刑者の日本への安全かつ早期の護送――の二点であった。

オウム真理教のロシアコネクション解明では、特別編成されたプロジェクト・チームの調整を担った。浴田元受刑者の護送に関しては、対象者が一九七四年の三井物産爆破事件で逮捕された後、一九七七年のダッカ事件において、日本赤軍の要求に基づき超法規的措置で釈放され、国外へ逃亡したという経緯から、奪還テロ等を含む妨害工作にも神経を使っていた。

「黒羽・ウドヴィン事件」と後に呼ばれるこの事件の第一報が寄せられたとき、私は外事課庶務室の一角にある自席で、「オウム」、「浴田」の両オペレーションに関する報告や問い合わせ電話への対応に忙殺されていた。

西側機関からの情報を伝えてきたのは、同盟国や同志国の治安・情報機関との連絡調整に当たる「渉外担当」の筋伊知朗課長補佐だったが、にわかには信じがたい内容だった。

工作員は朝鮮系ロシア人

その情報は、ロシアの工作機関が我が国に送り込んだスパイが、三〇年前に失踪した日本人になりすまし、国内外で工作活動を展開しているというものだった。西側情報機関は、さらに、それについて詳細な実態解明や情報のフィードバックも要請しているというのだ。

事案概要を聞き、頭に「背乗り《はいの》」という言葉が浮かんだ。

外事部門以外では警察内部でもあまり用いられることはなく知られてもいなかったこの捜査用語が広まったのは、二〇〇二年九月、北朝鮮の金正日国防委員長が日朝首脳会談で日本人拉致を認めて謝罪し、我が国のメディアで多用されるようになってからだと思う。

「背乗り」は当時、拉致問題に関心を持つ人々の間で、北朝鮮工作員が日本国の〝真正〟旅券や運転免許証などのツールを入手して、国内外で日本人と偽って活動する手口であり、拉致を敢行するための人的基盤整備や拠点構築のための有力な手段と考えられていた。

一方、外事警察では、スパイ捜査に関する知識の一つとして、「背乗り」はロシアがソ連時代から西欧で多用してきた手法であることが共有されていた。

ただ、他人になりすますという行為の性質上、顔立ちや体型が異なる人種・民族への「背乗り」は成立しにくい。ロシアのスパイといえば欧風の容貌をしたスラヴ人という先入観が強かったため、ロシアによる日本人「背乗り」と聞いたとき、私は「そんなことがあり得るのだろうか」と疑問を持った。

しかし、間もなくその疑問は氷解する。日本人になりすましたのは、朝鮮系ロシア人だったのだ。

ソ連・ロシアと長年にわたり対峙してきたＦＢＩ（Federal Bureau of Investigation、米）やＭＩ５（Security Service、英）をはじめとする西側防諜機関は、市井に溶け込んだ潜入工作員を「イリーガルスパイ」として警戒している。

ロシアは過去にも、そして現在も、イリーガルスパイを各国に送り込んでいる。二〇二二年四月には米ジョンズ・ホプキンス大学高等国際問題研究大学院を修了して国際刑事裁判所（ＩＣＣ：International Criminal Court）に採用された、ブラジル人の若者になりすましたロシア連邦軍参謀本部情報総局（ＧＲＵ）のスパイが、アムステルダム・スキポール空港で身柄を拘束されている。

戦前には、我が国においても、リヒャルト・ゾルゲがドイツ国籍を有するジャーナリストとしてソ連のスパイ活動を行っていた。

いかなる手段であれ、身分偽装はスパイにとっては常套手段ではあるのだが、実在の人物に成り代わる「背乗り」事件の捜査が、異例の取り組みだったことは間違いない。

オペレーション名「シロハラ」

内部検討では、「先方に、情報を把握した経緯などを詳しく確認する必要がある」との意見も出ていた。我々は、当初の情報提供から一八日後の一九九五年四月一〇日、先方の訪日派遣団と警察庁で協議することになった。

先方からは、「黒羽」が都内に拠点を置き、妻と暮らしていること、「黒羽」には在日ロシア大使館のＳＶＲ機関員が監視・支援担当として付いていることなどが伝えられた。さらに、先方は情報の信頼度に関する評価なども示してきた。西側情報機関がそこまで具体的で詳細な情報を共有するのは異例のことである。

初回協議で先方は、「共有した事実が貴国（日本の警察庁）において検証可能か」と、執拗に確認してきた。それは確認というよりも依頼、いやもっと切迫した要望、要求に近かった。情報の世界は、ギブ・アンド・テイクと言われる。本件は、先方が先に手札を切ってきたこともあり、情報要求も勢い強烈になったということなのであろう。

協議結果は、直ちに小林武仁外事課長と、杉田和博警備局長にそれぞれ、報告した。上司にとっても、雲を摑むような話であったのだろう。杉田局長は、局長室のソファに深く腰掛けて、愛飲するラーク（ＬＡＲＫ）の煙草を燻《くゆ》らせながら、少し考え込む様子を見せた。徐《おもむろ》に、いつものように横向きに口をつぼめて煙を吐き出すと、私をまっすぐに見据えて、「そうだな、本件は理事官直轄で進めてくれ」と、決断を下された。

この事件の容疑解明が極めて重要であり、秘匿性に最大限に配慮すべきであるとの判断を下したということだった。

アンチャン管理官

「理事官直轄」というと聞こえは良いが、結局、私は多くの事務を自らこなすこととなった。高度の保秘が要求されるため、情報に接する人数をできる限り絞る一方、速やかな作業の進展も図る観点から現場における適任者の検討を始めた。

最終的には、警察庁から警視庁公安部外事第一課に管理官として出向中の原和也警視（現内閣情報官）に相談し、作業を進めていくことになった。

一九九〇年入庁の原管理官は、当時六年目。外事第一課では古株の係長（警部）、主任（警部補）クラスから親しみを込めて「アンチャン管理官」と呼ばれていたが、猛者揃いの捜査チームを束ねて西側情報機関から寄せられた情報の分析や捜査結果との突き合わせ、検証の総括として、本件に最後まで関与した。

杉田警備局長からの下命と、私の具体的方針を受け、外事第一課は原管理官の下、早速、作業チームを立ち上げた。「黒羽」が妻と暮らす東京都練馬区内のマンションとその周辺の視察体制も整えた。その体制は、二年以上続くことになるのだが、当時、我々の中にそれを予見した者は誰もいなかった。

ところで、公安・外事警察の世界では、捜査や実態解明等の着手に当たり、案件に符牒を付ける慣わしがある。関係者の間だけに通用する隠語を使うことで、情報漏洩のリスクを抑えながらコミュニケーション効率を上げる効果を狙える。

本件についても外事第一課が、渡り鳥の一種である「シロハラ」――実際の符牒は、近縁種の別の鳥の名であるが、ここでは仮名とする――と命名し、原管理官が「理事官、符牒は『シロハラ』に決まりました」と伝えてきた。無口な人間であるが、口振りから現場で作業を軌道に乗せたという高揚感が感じられた。

シロハラを含め、スズメ目ヒタキ科に属する渡り鳥には、東アジアを生息域とし、春から秋にかけて中国東北部やロシア沿海地方の寒冷地で営巣、繁殖期が終わると日本や朝鮮半島等に南下して越冬する種が多い。

その符牒を聞き、私はいたく感心した。一九六六年の冬に日本・東京に「飛来」し、その後長期間にわたりロシア、中国、日本の東アジア一円を主な活動域として渡ってきた「黒羽一郎」の動き、そして、「羽」という文字とも重なり、本件作業のメタファーとして、実に的確な命名だと思えたからだ。

外事第一課の視察が続く中、情報を寄せた西側情報機関との連携も加速していた。協議は四月一〇日を含め、その月だけでも三回以上という異例の頻度で開かれている。このこと自体、先方がこのオペレーションに大きな期待を寄せていることを示しているように思われた。

インテリジェンスは、国家の本質を顕現させる。共産主義が崩壊し、政治体制がソ連からロシアに移行しても、対外情報機関がKGBからSVRに改組されても、ロシアの国家としての本質は微動たりともしない。事件の捜査協力を通じて、西側情報機関は、そのことを我々に強く伝えようとしていると感じた。

これに呼応するように、原管理官は警視庁本部から隣棟の警察庁外事課理事官席へ、しばしば報告に訪れた。

だが、万全の監視・追及体制を取ったにもかかわらず、スパイ活動の容疑解明作業は難航する。原因は二つ。まず、第一のターゲットである「黒羽」が、一九九五年三月の情報提供時点で既に北京に向け出国。再び日本へ入国した痕跡が得られなかったため、国内での接触対象者や立ち回り先等に関する捜査が進展しなかったこと。そして、留守を預かる日本人の妻はほぼ外出せず、行動範囲も限定的であったことも、情報収集の成果を薄めた。

しかし、練馬のマンションと周辺での入念な視察は、大きな副産物を生んだ。

「鱗が見えた」瞬間を捉えた

西側情報機関から情報がもたらされてちょうど一一カ月後の一九九六年二月二三日、いつものように理事官席に来訪した原管理官は、マンション周辺の視察時に撮影した数枚の写真を徐に取り出すと、そこに写り込んだ男を指し、それが、「黒羽」の支援担当者であると説明した。

写真は秘匿撮影されたものなのだろう。暗闇に街灯の光を受けて、上背のある、痩せぎす、中年の鷲鼻の男の姿がそこにぼんやりと像を結んでいた。解像度は低いが、彼の目が夜行性の動物のように光っているのが分かる。イリーガルスパイの監視・支援担当の活動の一端が明らかになった歴史的瞬間だった。

水底深く潜んだ大魚の「鱗が見えた」――自然にそんな言葉が浮かんできた。

写真の男は、V・P・ウドヴィン。一九九六年の撮影当時、五〇代半ばで、在日ロシア大使館で一等書記官の任にあったが、実際には外交官身分を偽装したSVRのいわゆる「オフィシャル・カバー」(official cover、公的身分偽装)だった。

ウドヴィンは、一九六五年八月から七〇年一二月の間、当時の在日ソ連大使館に三等書記官として勤務。その後も、七七年四月から八一年一〇月まで、二等書記官として駐在。外事第一課が「鱗」を捉えた当時は、一等書記官として三度目の在任中であった。

外事第一課の視察では、マンション周辺でウドヴィンは度々確認されていたが、「黒羽」に日本に戻る動きは見られず、国外での動静も把握は困難だった。

ところが、一九九七年六月、「黒羽」が動く。在サンクトペテルブルク日本国総領事館にパスポートの更新に現れたのだ。捜査ではまた、同年二月に「黒羽」がモスクワ郊外に住んでいたことも把握され、日本人になりすました「黒羽」の実在が確認できた。

外事第一課はこうした状況を受け、「黒羽」を旅券法違反容疑で立件する方針を決定した。

デッド・ドロップ・コンタクト

一九九七年七月四日、家宅捜索に赴いた捜査員はマンションの玄関先で、「黒羽」の妻から激しい抵抗に遭う。ドアを挟んだ攻防の末に令状を読み聞かせ、突入した室内では、衝撃的な品々が見つかった。

外事第一課はそこで乱数表、換字表、受信機（短波ラジオ）など、警察庁がスパイ（諜報）事件を認定する際のいわゆる「七つ道具」を押収。また、スパイ対象の情報としては、当時、我が国の電子産業界が世界に誇った最先端半導体に関するものやカメラレンズの機能向上に関するもの、さらに在日米軍に関するものが含まれていることが判明した。

外事第一課は家宅捜索や妻の供述などを総合し、我が国における「黒羽」の活動の一端を描き出した。「黒羽」は、このマンションで短波受信機を使ってロシア本国のＳＶＲ本部からモールス信号で送られる暗号通信を受信、換字表・乱数表を使って指令内容を平文に読み解いていた。

一方、収集した情報はマイクロフィルムに撮像した上で毎回、同じ炭酸飲料の空き缶に入れて世田谷八幡宮内の特定の石垣上か、哲学堂公園内の池の脇にあるベンチ下——のどちらかに置き捨て、ロシア側の別のスパイが回収する――いわゆる「デッド・ドロップ・コンタクト」と呼ばれる――手法が用いられていたことも判明した。

外事第一課はまた、「黒羽」のスパイ活動に対する具体的関与も把握できたとして、同年七月一七日、ウドヴィンに対して外務省を通じて任意出頭を要請。だが、ウドヴィンはこれに応じず、翌日に急遽、帰国した。

外事第一課は、同年七月二九日、「黒羽一郎」を旅券不実記載及び同行使並びに旅券法違反容疑で逮捕状を取得、警察庁を通じて国際刑事警察機構（ＩＣＰＯ：International Criminal Police Organization）に、国際手配（国際情報照会）を要請。二年以上に及ぶ昼夜分かたぬ捜査の結果、朝鮮系ロシア人による日本人「背乗り」スパイ事件の捜査はここに一旦、終結を見た。

本物の「黒羽」はどこへ消えた？

警視庁本部と警察庁庁舎が並ぶ霞が関・桜田通りの銀杏並木がわずかに色づき始めた一九九七年一〇月。同年七月の異動で警備局を離れ、長官官房総務課企画官となり、通常の役人然と中央省庁等改革を担当していた私の執務机の前に原管理官が現れた。「黒羽・ウドヴィン事件」

の走り出しから最終局面まで、原管理官は週にほぼ一、二回のペースで外事課理事官席にやってきては、「シロハラ」について報告を継続してくれていた。

原管理官は、普段の生真面目な顔をかすかに崩して照れたように「企画官、これ、警視庁が……」と箱を差し出した。

透明なビニールに包まれた木製の印鑑ケースだった。開けた蓋の裏には《黒羽・ウドヴィン事件　警察庁長官賞、警視総監賞受賞記念　平成九年一〇月　警視庁公安部外事第一課》と刻まれた金属のプレートが輝いていた。

賞は外事第一課に対するものであって、警察庁外事課理事官であった私は無論、表彰の対象者ではなかった。だが、初めて「直轄」で任されたスパイ（課報）事件が、こうした形で記録され、記憶に残るのは、一渉外担当官として誇らしくもあった。

しかし、「黒羽・ウドヴィン事件」で損なわれた国益、社会的損害について、あるいはあのスパイ網の真の目的について――実際のところ、我々外事警察は、どこまで解明できたのだろうか。

例えば、失踪した本物の黒羽一郎氏のことである。捜査の結果、福島県西白河郡矢吹町に一九三〇年に生まれ、その後歯科技工士として生活する黒羽一郎という男性がいたことを確認した。

黒羽氏は二八歳で耳の不自由な女性と同棲を始め、三五歳になった一九六五年、この女性に「友達と山に行く」と手話で伝えて家を出て消息不明となった。黒羽氏は、小柄でおとなしい性格だったとされる。

一方、一九六六年冬、東京で「黒羽一郎」を名乗る男が活動していたことが判明。六六年は、「黒羽」の監視・支援担当であったウドヴィンが最初に赴任した時期と重なるのだが、これは単なる偶然なのだろうか。

小柄でおとなしい黒羽氏と丸顔で恰幅のいいビジネスマン風の「黒羽」が同時に存在することで工作が発覚するリスクに、KGBはどのように対処したのだろうか。

「黒羽」は、ロシア語のほか英語、スペイン語を流暢に話し、宝石のセールスマンを生業《なりわい》としていたが、一九六九年、戸籍を東京都内に分籍して新宿に移住した。

分籍は、新たな戸籍を創設する手続だが、その後の戸籍には未婚であれば筆頭者自身に関する事項だけが記載される。出身地や家族関係といった本物の黒羽一郎氏に結びつく過去を消すための偽装工作とみられた。

一九七五年に六歳下の女性と結婚した「黒羽」は、中野区の分譲マンションに転入。八五年には、後に外事第一課の家宅捜索を受けた練馬区のマンションに転居している。

一九六九年の分籍から中野にマンションを購入、結婚して入居する七五年までの間、「黒羽」

は、都内の会社経営者の留守宅管理人を務めていた。そしてその敷地内に家主に無断で小屋を建て、パチンコ機械の製造業を始めている。

「黒羽」の経済社会活動は、ＫＧＢ時代からＳＶＲへの移行期を挟み、ソ連・ロシアの情報機関が支援していたとみられるのだが、ソ連崩壊に伴う一九九〇年前後の国家的混乱の間は、バックアップ態勢への影響はなかったのだろうか。その時期、ＳＶＲが「黒羽」をどのように支援していたのか、実態は闇に包まれたままだ。

しかし、その後も捜査に進展はなく、外事第一課は二〇〇八年八月、「黒羽」を、国籍、氏名、年齢不詳のまま書類送検。事件は多くの未解明部分を残したまま、完全終結した。

私が外事警察に本格的に足を踏み入れた一九九五年は、阪神・淡路大震災、オウム真理教による地下鉄サリン事件、國松孝次警察庁長官銃撃など、日本警察史上まれに見る警備事案が多発した。その世相の中で、密かに、ソ連・ロシアの長期間にわたる「背乗り」スパイの解明に端緒から関与した経験は、個人史の中で極めて大きな位置を占めている。

第七章 プーチンのスパイとの攻防

プーチン大統領はレニングラード国立大学法学部卒業後、KGB（ソビエト連邦国家保安委員会）の対外情報部員として東ドイツなどで16年間勤務、中佐まで昇進している（SPUTNIK/時事通信フォト）

安倍晋三内閣総理大臣の命を受け、国家安全保障局長としてウラジーミル・プーチン・ロシア連邦大統領と会談した二〇二〇年一月一六日、大統領公邸が所在するモスクワ近郊、ノヴォ・オガリョヴォは、曇天なるも初春の穏やかさが感じられた。

同地の一月の平均気温は氷点下六度ほどだと聞いていたが、その日はプラス二度を下回ることもなく、暖房の効いたホテルや移動の公用車内では、少し汗ばむくらいだった。

会談を待つ間、私は会談を受け入れたプーチン氏の胸中を自分の過去との関わりの中で推し量っていた。首脳外交では「遅刻の常習者」と評されるプーチン氏のことである。「首脳どころか閣僚ですらない人物と会うだろうか」「会談はドタキャンされるのではないか」。我が国関係者の間には直前まで、疑念や懸念の声があった。

だが、プーチン氏は、この会談に必ず現れる。私は、そう確信していた。

会談は、前年に、国家安全保障局長のカウンターパートであるニコライ・パトルシェフ連邦安全保障会議書記が来日した際に、安倍総理が会談したことへの返礼という位置づけであった。

パトルシェフ氏は、ＫＧＢの出身。首相代行に任命されたプーチン氏に代わり、ＫＧＢ国内部門の後継機関である連邦保安庁（ＦＳＢ：Федеральная Служба Безопасности）長官を担った人物で、プーチン氏の最側近でもある。

安倍総理が構築したプーチン氏との信頼関係を併せて考えると、返礼として設定された会談の意味合いは重かった。

プーチンはボールペンで……

大統領公邸の主は、定刻より四〇分ほど遅れて、特徴的な歩き方で会議室に姿を見せた。先に、プーチン氏がこの会談に現れると確信していたと書いた。根拠はインテリジェンスの世界に生きてきた者の直感、としか言いようがないのだが、当時、プーチン氏は日露平和条約交渉の進展に向けて、安倍総理との首脳会談を真剣に希求しており、総理の代理人たる私との会談に、一定の実益を見いだしていたはずだ。

さらに言えば、プーチン氏との会談の前週、私がドナルド・トランプ米国大統領と会談していたことも、プーチン氏にとって私と会談するインセンティブになっていたのかもしれない。

二〇二〇年一月八日、私は日本のナショナル・セキュリティー・アドバイザーとしてオーバル・ルーム（Oval Room、米国大統領執務室）にいた。トランプ氏との会談は、文在寅《ムンジェイン》政権下で極端に悪化した日韓関係の縺《もつ》れた糸を解きほぐすことを目的とするもので、盟友ロバート・オブライエン国家安全保障担当大統領補佐官の周到な取り計らいによるものだった。米朝間の仲介者の役割を果たした韓国の国家安全保障室長・鄭義溶《チョンウイヨン》氏も同席していた。

米国としては、二〇一九年二月のベトナム・ハノイ会談で決裂した米朝プロセスを何とか打開するため、日米韓の連携と結束を誇示しておきたいとの思惑もあったのかもしれない。

プーチン氏は、KGBで培われた諜報と謀略を本質とするソ連以来の伝統的な統治思想と、経済利益の追求という実利主義を兼ね備えた指導者だ。日本の内閣総理大臣の代理人である「Сигэру КИТАМУРА（シゲル・キタムラ）」という男について、報告書を読み、バックグラウンドチェックも済ませているはずだった。

会談場で着席すると、プーチン氏の卓上に灰色の表紙のファイルが無造作に置かれていた。中身は、私に関する記録であろう。警察庁入庁から外事課理事官、外事課長、外事情報部長――中国や北朝鮮、ロシアのスパイを監視し、摘発を指揮、統括してきた経歴が記載されているのに相違なかった。

頭の片隅にそんなことを思いながらプーチン氏の手元に目をやると、備え付けのボールペンの先をノートパッド上でさらさらと動かしている。直線、曲線や円を描いたり、それを塗りつぶしたりして弄ぶのがクセのようだ。さながら、ロシア出身の画家ワシリー・カンディンスキーの絵画のような造形でもある。プーチン氏の人間くさい面を見た――のだが、あるいはあえて、その面を見せたのかもしれなかった。

プーチン氏の人心掌握術

通訳を入れて約四〇分。会談内容に関して詳細を明らかにすることは控えるが、二〇二〇年二月一〇日付の産経ニュースは以下のように伝えている。

《プーチン氏「安倍首相にくれぐれもよろしく伝えてほしい。(日露首脳会談を) いつ、どこで行えるか話したい」

北村氏「日露間の戦略的連携を強化し、相互に信頼できるパートナーを目指したい」》

会談は、終始ソフトなムードで幕となり、握手を済ませて部屋を出る際、プーチン氏からこう言葉をかけてきた。

「同じ業種の仲間だよな、君は」

私は、プーチン氏が私をどう見ているか、この会談に何を求めていたかを理解した。腹の中を摑み出されるような言葉だが、プーチン氏の人間観や人心掌握術が凝縮されている。

情報提供者や、特定の国家、組織の政策、方針に影響力を行使できる協力者を獲得し、運用する機関員を「ケース・オフィサー」（case officer）と呼ぶ。会談でのプーチン氏は正にそれで、工作を仕掛ける相手に対するプロフェッショナルの接し方だった。

「同じ業種の仲間だよな」についても、資料を読めば書いてあることではあるが、別れ際にあえてその一言を繰り出すセンス。プーチン氏は大統領であると同時に、依然として一人のケース・オフィサーでもあった。

警察官僚として数々の事件で「スパイ・キャッチャー」（spy catcher）を統括し、その後内閣情報官として「機密情報」を担い、今は国家安全保障局長を務める男が、内閣総理大臣の代理人として目の前にいる――。ＫＧＢのケース・オフィサーの目に、私はいかなる異国の「同業者」として映ったのか。

会談を終えると、公邸の周囲は漆黒の闇に覆われていた。シェレメーチエヴォ空港に向かう車中、車窓をひたすら打つ雨。我が国のカウンターインテリジェンス（外事警察）が摘発してきた数々のロシアによるスパイ事件が脳裏に去来した。特に――。それは二〇〇五年秋、警視庁公安部が摘発した事件だった。

SVRスパイの手口

二〇〇四年四月、千葉市の幕張メッセ。メインの国際展示場だけで五万四〇〇〇平方メートルの展示スペースを持つ日本最大級の複合コンベンションセンターで開かれた電気機器の展示会の片隅で、西欧人風の男が動いた。

「イタリア人で名前はバッハです」

出展企業の一つである東芝系子会社のブースでこう自己紹介した男は、製品説明役の男性社員に「経営コンサルタントで、日本への進出に当たり力を貸してほしい」と語りかけ、急速に間合いを縮めていった。都内の飲食店などで重ねた接触は、翌二〇〇五年初夏までの間に十数回に及んだ。社員は「バッハ」に、営業秘密を漏らすまでになっていた。

だが「バッハ」には、社員に見せない別の顔があった。ロシア連邦対外情報庁（SVR）のスパイ、ウラジーミル・サベリエフ――。これが、男の正体だった。

サベリエフは、日本に入国、滞在するに当たり、日露貿易の発展などを所管する在日ロシア連邦通商代表部員という公的身分を装ったオフィシャル・カバーだった。

実際のところ、通商代表部にはオフィシャル・カバーが多く所属していた。外事警察による過去の摘発事例も少なくなく、経済産業省や業界団体は、メーカー等に対して「ロシア通商代表部」に関するアラートを鳴らしてきた。国籍や職業を偽って接近したのも、ターゲットに警戒心を抱かせないためだった。

ＳＶＲスパイは、エージェント獲得の初期、インターネットで容易に入手可能な公開情報を求める。これは、対象者に安心感を抱かせるためだ。次に閲覧者が限られる、非公開情報を要求。これに、少額の金品を与える。

対象者はこの段階で〝私は相手にとって不可欠な存在なのだ〟という「承認欲求の罠」に嵌る。そして、次第に「逢瀬」を重ねる中で、機密資料の対価として比較的高額な現金――多くの場合、一回当たり一〇万円程度――を渡すようになる。

ここまでくると、対象者は、カネと承認欲求の充足を通じて、スパイに経済的、精神的に依存するようになってしまう。サベリエフの手口も、ほぼこのＳＶＲスパイの「定石」に沿っていた。

エージェントとなった社員は、サベリエフの要求を満たそうと、大胆にも会社から貸与されたノートパソコンを社外に持ち出し、目的の情報をコンパクトフラッシュカードに複写して手渡していた。

ロシア・スパイの貪欲さ

この事件で、サベリエフが社員に支払った謝礼は総額一〇〇万円程度だった。さらに、サベリエフは社員が勤務する企業の社内ネットワークへの侵入方法にまで関心を示していた。この情報が漏洩していたとしたら、当該企業がサイバー攻撃のターゲットになったことは疑いない。ロシア・スパイの貪欲な情報収集活動と、危険な本質に戦慄するばかりだった。

この事件で漏洩した情報は、パワー半導体に関する技術情報だった。技術流出にまつわる捜査では、被害状況を把握するため、当該漏洩情報に関する製品のスペック（性能や仕様）と技術そのものの有用性について、流出元企業に確認を行う。流出元企業は、管理責任の回避や刑罰減免のため、性能を低く説明することが多いが、この事件もその例に漏れなかった。

ロシア側に漏れたのは、電流を制御する半導体素子に関する情報。民生品に使われる技術で、流出元企業は「顧客に説明するための資料であり、軍事転用できるレベルではない」と主張した。しかし、実際には、潜水艦や戦闘機のレーダー、ミサイルの誘導システムへの転用が可能な「デュアルユース」との結論を得た。

日本の安全が、たかだか一〇〇万円程度で売り渡された。ロシアにとっては実に安い買い物だ。我が国は、また一つ、経済安全保障という血の流れない戦場で敗北を喫したのだ。

スパイ事件の捜査は、端緒の捕捉から監視、採証、着手に向けた検察、経済産業省など関係機関との連携など、いくつものハードルを完全秘匿裏に越えていく。繊細さにおいて気の遠くなる作業の先にやってくる最大のヤマ場は、スパイとそのエージェントとが相揃う接触現場で、任意同行を求める瞬間だ。

スパイの〝悪夢の瞬間〟

二〇〇〇年九月七日、外事警察は、その時を迎えようとしていた。

東京・浜松町にある洋風居酒屋の一角で、海上自衛隊三等海佐と欧州人の間で情報と現金の封筒が取り交わされた瞬間、二人が歓談する席に影のように接近した捜査官が声をかけると、注文のやりとりや客同士の話し声が醸す混然一体の空気に満ちていた木曜夜の店内は一転。従業員や酔客に扮した警視庁公安部外事第一課と神奈川県警外事課の捜査員らは、たちどころに法執行官としての本質を顕《あら》わにして、被疑者の周囲を取り囲んだ。

欧州人の名は、ヴィクトル・ボガチョンコフ。在日ロシア大使館付海軍武官（大佐）をオフィシャル・カバーとしていたが、実際にはロシア連邦軍参謀本部情報総局（ＧＲＵ）の機関員だ。彼は海上自衛隊三佐に対して、スパイ活動を行い、自衛隊の秘密指定文書等を入手していた。

ボガチョンコフは警察の職務質問の求めに黙秘。外交官身分証を提示して任意同行を拒否し、ロシア大使館差し回しの車でその場から立ち去ると、結局、二日後、空路帰国することになった。

エージェントとの接触現場を押さえられて警察に任意同行を求められ、マスコミのカメラの放列の前で世間に顔をさらしながら帰国するという結末は、スパイにとっては、いくら強がったところで〝悪夢の瞬間〟だろう。

一方、外事警察にとっては、昼夜を分かたぬ長期にわたる作業の一つの理想形だ。ただし、ハードルが多いが故、それは容易に果たし得ない〝夢の果実〟でもある。

「ボガチョンコフ事件」から五年。この間、外事第一課は、米国から供与され航空自衛隊が運用していたサイドワインダーミサイルの「シーカー部」に関するマニュアルなどの入手を試みたGRUスパイ、アレクセイ・シェルコノゴフを東京地検に書類送検してはいるが、それは、帰国後二年も経ってからのことであり、外事第一課は、〝悪夢の瞬間〟を味わわせる仕事から長く遠ざかっていた。

「外一は存亡の危機だな」

長期にわたる内偵の積み重ねが東京地検から受け入れられず、事件として成り立たないケースもあった。

警視庁公安部には「外事は年一（ねんいち）」という言葉もあるように、一年に一度、社会にインパクトを与える事件を検挙するという不文律がある中で、「外一（そといち）は存亡の危機だな」と自嘲気味に話す現場幹部もいた。捜査員全体にもフラストレーションが澱《おり》のように溜まっていた。

だからこそ、私をはじめ外事警察、就中、対露防諜を担当する警視庁外事第一課のスパイ・キャッチャーたちにとって、サベリエフ事件は猟犬の本能を呼び覚ますものだった。

しかし、捜査は「政治日程」から紆余曲折を辿ることになる。

二〇〇五年は、「日露修好一五〇周年」という特別な年だった。日本では、前年からこのムードを盛り上げるべく、地方自治体から経済団体まで「日露修好一五〇周年」を祝い、記念する催し物が目白押しだった。

プーチン氏は、二〇〇四年にロシア連邦大統領選挙に七〇％以上の圧倒的な得票率で再選。

ロシアの混乱を収拾し、実利主義で国家を主導してきたプーチン大統領の指導力と「経済開発」に向けた意欲――日本の政界、経済界には、ロシアの変化を牽引しているプーチン大統領に対する警戒よりも期待が広がり始めていた。

課題は〝外交関係〟との駆け引き

サベリエフ事件の動きが急になった二〇〇四年秋から翌年一月にかけ、警視庁外事第一課長、豊見永栄治警視正が警察庁外事課に来訪する頻度が上がった。

通常の報告であれば、外事第一課の事件担当の管理官が、警察庁外事課のロシア担当課長補佐を訪ねるが、二〇〇五年の年明けになると警察庁外事課長だった私自身が豊見永課長から捜査の進捗について仔細に報告を受け、上司の瀬川勝久警備局長に報告するようになった。報告の過程で瀬川局長からは、よくご自身の外事第一課管理官当時の体験談を聞かせていただいたものだ。

課題は、捜査の着手をめぐる〝外交関係〟との駆け引きであった。

捜査情報の蓄積と分析から外事第一課は、サベリエフに〝悪夢の瞬間〟を見舞うXデーを三月某日と定めたが、このXデーを前にサベリエフは一時帰国して、行方をくらましてしまう。

私の手帳の同日の欄には「（警視庁関係）延期」と一行。

Xデーをめぐり検討が続く中、サベリエフが六月に離任し、帰国するという情報が入る。最後のチャンスとなった六月初旬の木曜日に向け、慎重に、淡々と準備を続けたのだが……。

手帳の六月一〇日の欄に、私はこう書きつけた。《12：10、AFL576》。サベリエフは〝悪夢の瞬間〟を味わうことなく、同日正午過ぎのアエロフロート機でモスクワに向け日本を飛び立ったのだ。

失望と落胆に暮れている暇はなかった。外事警察の次なるターゲット、サベリエフによってエージェントとして獲得、育成され、安全保障に直結する重要情報を漏洩した東芝系子会社の社員への刑事処分に向け、捜査は続いた。

さらに、この年の八月の人事異動で瀬川警備局長は勇退した。自分にとってはいささか唐突な人事なように思えた。後任には、かつて外事課長、警備企画課長としてお仕えした小林武仁氏が着任した。

小林警備局長は、幾多の公安、外事事件を指揮してきた泰然自若とした人物で、いかなる情勢下でも、捜査には最善を尽くすようにと、常に背中を押してくれた。また、外事警察に理解が深い漆間巌警察庁長官も、私の報告を淡々と、しかし、十分な熱意で受け止めてくれていた。

プーチン来日直前に送検

二〇〇五年一一月二一日、来日中のプーチン大統領は、小泉純一郎内閣総理大臣との首脳会談で、笑顔を見せていた。

会談では、二〇〇三年に小泉総理とプーチン大統領が採択した「日露行動計画」に基づく協力の強化や、北方領土問題、戦略的対話の開始から拉致問題での協力まで九項目の確認・合意がなされた。特に、「実利主義」であるプーチン大統領に対する経済界の期待は大きく、経済貿易とエネルギー分野での協力は目を引くものがあった。

当時の会談結果の概要を見ると、我が国のプーチン体制、〝新生ロシア〟への期待の大きさがうかがえる。

《両首脳は、日露間の貿易高が拡大している（今年一〇〇億ドルを突破する見込み。）ことを歓迎した。両首脳は、ロシアのWTO加盟に関する日露二国間交渉の妥結を確認した》

《両首脳は、太平洋パイプライン・プロジェクトを早期かつ完全に実現するための日露の協力について、来年のできるだけ早い時期までに政府間の合意を目指すことで一致した。今回、この内容を盛り込んだエネルギー協力に関する文書を、麻生外務大臣・二階経済産業大臣とフリ

ステンコ産業エネルギー大臣との間で署名した》

警視庁外事第一課は、二〇〇五年九月一二日、東芝系子会社の社員を事情聴取。社員は、サベリエフの求めに応じて、会社の秘密情報を提供していたことを認めた。そして、一〇月二〇日、外事第一課は所属会社に損害を与えた背任事件を、被疑者サベリエフとして東京地検に書類送致した。

それは、日露首脳会談でプーチン氏が来日するちょうど一カ月前のことだった。外交に与える影響を最小限にとどめつつ、一方で日本はスパイ活動を徹底的に監視し、許さないという我々の意思表示でもあった。

腹を空かせた一匹の猟犬

ケース・オフィサーがそのまま大統領となったようなプーチン氏の目に、自ら日本に送り込んだSVRのスパイの暗躍が訪日一カ月前に摘発されたサベリエフ事件は、どのように映ったのだろうか。それは、スパイ摘発を通じた我が国からのロシアに対する牽制、すなわち日露首脳会談を前にした国家間の駆け引きの一環としか映らなかったのだろうか。

二〇二〇年一月の大統領公邸での会談に向けたバックグラウンドチェックで、サベリエフ事件当時の外事警察の要を務めていた人物との対面に向け、どのような思いを抱いたのか。

私はプーチン大統領との会談後、事件の顚末を反芻した。

当時、自分は腹を空かせ、獲物を狙う一匹の猟犬でしかなかった。未熟さ故ということであろう。現場を代表する形で事件検挙にしか目が向いていなかった。

そうした中、プーチン大統領来日、日露首脳会談という大きな外交課題を前に捜査を曲がりなりにも貫徹させた上司の捜査指揮における高い見識と強い意志に対して、改めてこの場で深甚の敬意を表したい。

福島第一原発をめぐる日米協力

震災直後に東京電力福島第一原発で起きた水素爆発によって10万人以上の住民が避難を余儀なくされ、放射能汚染の不安と闘う日々が始まった（映像提供／福島中央テレビ）

二〇一一年三月一一日午後二時四六分。

警察庁が入る中央合同庁舎二号館は、大きく撓《しな》るように揺れた。二〇階の外事情報部長室の壁や棚から、各国の治安・情報機関から贈られた数十枚のメモリアル・プレートが全て床に投げ出され、飛散した。私が体験した東日本大震災発震の瞬間である。

二一階のオペレーションルームに螺旋階段で駆け上がると、既に警察庁総合対策室が設置され、災害発生直後の喧騒が部屋を覆っていた。

そして、五六分後の午後三時四二分、東京電力福島第一原子力発電所の一号機から四号機で全交流電源喪失の一報が入る。現実のものとなる最悪の事態が対策室全体に暗い影を投げかけていた。

震災による原発事故発生の翌二〇一二年二月、後に我々の情報交換協議のカウンターパートとなる米国原子力規制委員会（NRC：Nuclear Regulatory Commission）は、発災当時に行われた部内の電話協議の様子を公表した。そこには発災立ち上りの情報欠缺《けんけつ》への強い苛立ちが繰り返し綴られている。

NRC職員「……情報が少なすぎる。われわれの見立てでは、発電所で最悪の損傷が起き始める。おそらく早くて真夜中（米東部時間）ごろからかもしれない」

グレゴリー・ヤツコNRC委員長「裏付けが取れるか」

NRC職員「事故情報は通信社の報道ベースだ。GE（注：ゼネラル・エレクトリック社、福島第一の沸騰水型原子炉（BWR）製造会社）も、われわれ以上の情報がないと思う」

ヤツコ委員長「コミュニケーションミスだ。情報が入ったら、紙に書く。何を知っていて、知らないのか、すぐチェックできる。それに、情報共有を迅速にすることだ」

米側は、日本政府からの不十分な情報提供に苛立っていた。当時、米国の日本政府への不信感は深刻なレベルに達した。

原因の一つには、我が方が「情報」の収集・活用に失敗したことがある。

菅直人《かんなおと》民主党政権は、発災当初、「情報」を武器として利用できず、逆にそれに振り回され、焦りの中で迷走していた。戦争であれ、災害であれ、緊急事態に国家と国民の命運を分けるものは情報力であるという事実を確認できるエピソードだ。

日米の信頼関係を再構築

国家や社会を揺るがし、歴史の転換点となるような緊急事態に際し、特定の組織や個人が、想定されていなかった役割を担うことがある。

東日本大震災が引き起こした原子力災害当時、私が部長を務めていた警察庁外事情報部が正にそれだった。

地震や津波といった重大災害の発生時に警察に求められる役割には、被災者の捜索・救助、搬送、避難所や被災地域の犯罪抑止と交通統制、そして命を落とされた方々の検視と身元の確認、引渡し等がある。

普段、専ら外国スパイの監視・取締りや、国際テロの防遏《ぼうあつ》・検挙等を任務とする外事警察を統括する外事情報部が関与できる領域はほとんどないようにも思われる。

二〇一一年三月一一日の東日本大震災に起因する東京電力福島第一原子力発電所の事故がなぜ、そしてどのような役割を外事情報部に与えたか――。その経緯については、多少の説明を要する。

そこで外事情報部が担ったのは、日ごろ築いた米国カウンターパートとの協力関係を軸に、

「情報」を活用し、崩壊しかけた両国の信頼関係を再構築することだった。最終的に日本政府は、派遣されたNRC高官との間で情報共有の枠組みを持ったのだが、その開設には外事情報部と米側との情報ラインが深く関わっている。

背景には、当時の我が国に原子力災害発生時に情報を一元的に集約・分析する機構がなかったことがある。また、日本政府には、震災発生当時、米国をはじめとする同盟・同志諸国と災害情報を共有して有効な知見を得る仕組みも存在しなかった。

このため米国は、「フクシマで何が起きているのか」を知るための客観的事実や詳細なデータに接し得ず、「日本はどうなるのか」という見通しも持てなかった。

在日米軍の軍人・軍属とその家族だけで約一〇万人、加えて民間人数万人の自国民を守らなければならない米国政府にとって、これは極めて深刻な事態だった。

当時の米国の対日認識をめぐっては、菅政権で原発災害に関する対米交渉役を務めた長島昭久衆院議員(当時民主党)が、原発事故から一年が過ぎた二〇一二年三月一三日付の『東京新聞』で指摘している。

「事故発生から一週間後、米側は日本からの情報不足に相当いらだっていた」

対米協議の最前線にいた長島氏の実感は重く、また、事実でもある。

原発事故では、発災から一四日までの三日間で、▽一～四号機の全交流電源喪失▽一号機、三号機の水素爆発▽二号機燃料棒全体露出▽一〜三号機のベント（二号機失敗）――。刻一刻と悪化する状況をメディアが相次ぎ速報。「最悪」の二文字以外の事態を想像することはできなかった。

炉心溶融（メルトダウン）などの極めて重大かつ深刻な事態が予測できるこの状況に、いち早く、強く反応したのは同盟国・米国だった。

東日本大震災発生からおよそ九時間半後、各国首脳に先駆けて行われた日米首脳電話会談で、バラク・オバマ大統領は最大限の対日支援を約束した。

しかしながら、その胸中は、日本に所在する米国民の生命、身体、財産の保護、米軍基地の防護と維持をはじめ「米国権益の確保」で占められていたに違いない。

米国にとって日本に所在する権益の中核は、在日米軍という極東の平和と安定の要となる安全保障資産だ。米側には在日米軍の軍人・軍属とその家族の被曝、装備資機材の放射能汚染を如何に回避するかという至上命令があった。オバマ大統領もまた、大きな危機感と焦燥感を我々と共有していたのだ。

「燃料棒は冷却できるのか」

米側の不満が危機的に高まっていることを知った私は、三号機が水素爆発を起こした三月一四日、第一次安倍政権でともに総理秘書官として勤務した経済産業省の今井尚哉《たかや》貿易経済協力局審議官（後に第四次安倍第二次改造内閣で総理補佐官、現内閣官房参与）に電話を入れた。目的は、原子力安全・保安院を所管する経済産業省との意思疎通を強化すること、そして、原発事故に関する情報を米側に提供し、理解と協力を得るためのプラットフォーム（協議体）設置について意見を聞くことだった。

原子力災害について日米情報共有の不存在を指摘する今井氏の言葉に意を強くした私は、まず、米側のニーズを聞く作業に着手した。一五日に外事情報部長室に米側を招き、初会合を持った。警察庁側のメンバーは、私と永井達也外事課長（後に警察大学校長）を含め三人だった。

会合の冒頭ではこちらから原発災害の概要について説明。内容は東電や政府の担当部局から発信、共有されていた放射線量等のデータのほか、建屋の損壊状況、政府と東京電力、自治体等の現場での対処状況について外事情報部で整理したものが中心だった。

開示可能なデータに基づく資料であったが、政府機関のエンドースを受けたものであり、先方は大いに謝意を示した。つまり、それだけ情報が不足していたということだ。

初会合では、米側が四号機の燃料プールで保管中の使用済み核燃料の状況を極めて深刻に受け止めていることがうかがえた。

コロンビア大学で南アジア史専攻のPh・Dを有している学究肌の相方が、「燃料棒は、確実に冷却できるのか」「確かな戦略、技術はあるか」——。先方は疑念の色をにじませながら矢継ぎ早に確認をしてきた。

米軍に注水の支援を依頼

四号機をめぐっては当時、燃料プールの水がなくなると燃料が溶け出して高濃度の放射性物質が外に放出されるという懸念が広まっていた。実際にはプールの水がなくなることはなく、核燃料は溶融しなかったが、発生から数日が経ち、政府内でも一時、首都圏住民を避難させる最悪のシナリオも検討された時点での話だ。

米側の懸念を解消するには、確実に注水をすることが必要だったが、目処を立てることは極めて困難だった。注水は、水素爆発が続き、既に大気中に「京《けい》ベクレル」単位の放射性物質が放出される中で進める決死の作業となる。

「注水作業に、在日米軍の大型ヘリによる支援を仰げないかどうか、在日米軍当局に依頼してほしい」

会合で私は、無理筋とも思える依頼をしていた。

三号機、四号機への注水については、翌一六日、北澤俊美防衛大臣が、米軍放水車の提供を受けて東京電力が実施し、より強力な放水が必要であれば、陸上自衛隊の大型ヘリに切り替えると発表した。

一七日午前中には発表のとおり、陸自が三号機にヘリで放水を実施。さらに同日午後七時過ぎには、警察のデモ規制用の放水車が放水。こちらは水が届かず、あえなく失敗に終わる。因みに強力な放射線を浴びた放水車は、今でも福島第一の構内に放置されたままだ。

地上からの注水作戦は空からとは違った危険を伴う。派遣を組織的に決定することに対しては、各機関に相当なためらいがあった。その中で、放射線被曝の危険と隣り合わせの場所に真っ先に飛び込んだ警察の放水は、地上からの注水のトリガーを引いたという意味で、殊勲とも言える大きな意義があった。

機動隊員を大量の放射線被曝の危険にさらすことを覚悟の上で大義のために出動を命令したのは、警備実施で長年機動隊員と苦楽をともにした西村泰彦警備局長（後に警視総監、内閣危機管理監、現宮内庁長官）ならではの果断な指揮だった。それは、己が身を切られるような決断でもあったに違いない。

結局、放水への米軍部隊の出動は見送られた。被曝が懸念される事態の下で安全保障資産をどう運用すべきか、米国なりに慎重な判断を経た結果なのだろう。

在日米国大使館は同日、五〇マイル（八〇キロ）圏の避難勧告に踏み切った。このことからも、米側が我が国の原子力災害そのものへの対処能力は勿論、情報提供体制に不満と不信を持っていることは明らかだった。前述のとおり、米側は、四号機の使用済み核燃料の冷却が実施されるか、強く不安視していた。

安倍元総理が石原知事に連絡

私は、自室で永井外事課長らと検討を重ね、最優先で解決すべき明確な課題を二つに絞った。

一つはやはり、米側が強く懸念していた原子炉等の確実な冷却であった。

そのためには何としても、十分な能力のある注水装備と要員が必要だった。大規模災害等に対応可能な東京消防庁のハイパーレスキュー（消防救助機動部隊）を出動させることができるか否かがカギだった。

「十手《じって》捕縄《とりなわ》に火消しはできない。餅は餅屋、火消しに火消しをしてもらう必要がある」

一刻を争う事態だった。発災七日目の二〇一一年三月一七日夕刻、私は部長室に閉じこもり、人脈の中からこれはという人物を選び、各方面へ電話をかけまくった。

安倍晋三元内閣総理大臣、菅義偉《すがよしひで》元総務大臣、今井審議官、木村俊一東京電力総務部長、……。ひと当たり電話をかけ終わると、安倍元総理から返信があった。先方からの電話は余程のことだ。

「石原（慎太郎）都知事に電話をして直接お願いしたよ。何のこだわりもなかった。快諾だったね。放水車はなるべく早く出動させると言っていた」

物事はこうして動くのかということを思い知らされた瞬間だった。

同日深夜に菅総理が石原都知事に電話で出動を要請したことをニュースで知ったが、それはお膳立てが整ってからの言わば儀式に過ぎなかった。

東京消防庁のハイパーレスキューが、一九日未明（午前〇時半）からの放水作戦を成功させる。

活動報告の場で石原都知事は、涙を流し、感謝と称揚の言葉をかけた。このシーンがニュースで伝えられると、東京消防庁は救国の英雄となった。

我々にはもう一つ、解決すべき課題があった。量、質と適時性において、米側が納得する情報を共有できるハイレベル協議体を日米間に構築し、一刻も早く米国の信頼を回復することだった。

水面下の調整は、既に動き出していた。放水作戦とは異なり、こちらは政治的性格が強い。ましてや、民主党官邸内の様子は皆目見当もつかなかった。

「米国とは警察や防衛でバラバラにやっているだけじゃだめだ。官邸が音頭を取って日米が共同でやっている形を作らなければ」

そう言って、官邸内の調整は、警察庁から安全保障・危機管理担当の内閣参事官として出向していた大石吉彦参事官（後に警視総監）にお願いした。

「こちらも色々ありますが、何とかいたしましょう」

「色々」が調整に向けた大きな困難性であることは十分に理解できた。ただ、彼が「何とかする」ということは必ず実現させるということに他ならなかった。大石参事官は期待どおりに調整役をこなし、協議体設置に向けた段取りを着々と整えていく。まずは、一七日にＮＲＣから北澤防衛大臣に連絡を取ってもらうことになった。

翌一八日、その日に日本政府の対米交渉担当に任命された長島議員にＮＲＣから協議体設置を要望する電話が入る。同議員がこれを受ける形で、実質的にその設置と運用の方向性を決めていく――。

日米協議が動き始める

官邸では、協議体の日本側実務当局者を人選するため、二〇一一年三月一八日夜に大石参事官、警察庁から内閣情報調査室に出向中の新美恭生主幹（後に警察大学校長）、原子力安全・保安院担当者や東京電力の担当者が出席し、ＮＲＣの専門家との意見交換が持たれた。後に、この会合には、伊藤哲朗内閣危機管理監（元警視総監）、西川徹矢官房副長官補、高橋清孝危機管理審議官（後に警視総監、内閣危機管理監）の「危機管理三役」が同席するようになる。

同月二〇日夜、仙谷由人内閣官房副長官、長島議員、中村格《いたる》官房長官秘書官（後に警察庁長官）にダメ押しの意味も込めて電話を入れる。ＮＲＣとの日米合同調査会議の設置が官邸で了承されたと、長島議員から折り返し連絡が入った。

「日米共同の枠組み」。この日の私の手帳には、筆圧がやや強めにその一行が記載されている。事態はシナリオに沿って動き出した。

その上のハイレベル協議体については、同月二二日、外事情報部での米側との協議で位置づけを確認。日本側は福山哲郎官房副長官をトップとし、以下、細野豪志総理補佐官、伊藤危機管理監、植松信一内閣情報官（元大阪府警本部長）に二人の官房副長官補、原子力安全・保安院、防衛、文部科学、外務、原子力安全委員会の各機関の局長級に東京電力副社長が参加。米側はＮＲＣのデレゲーションと駐日大使館の幹部級という編成である。

外事情報部長である私と米側との日常的な情報交換ラインを起点として表舞台の日米協議が形成され、活用されるようになった。原発事故をめぐる日米情報共有の枠組みは、こうして動き始めた。

地下鉄サリン事件との共通点

公式の協議体設置という所期の目的が達成されたことから、警察庁外事情報部長という行政官としてではなく、一人のインテリジェンス・オフィサーとして、カウンターパートとの接触を続けた。平素の接触にＮＲＣも加わり、私との間で一段突っ込んだ情報交換を求めていた。特定秘密保護法の制定前のことである。日米間で、外交に関しては外務省と国務省、軍事に関しては防衛省と国防総省というように、情報の交換・共有をめぐってはそれぞれ、枠組みとプロトコルが存在していたし、実際に機能していることもよく知っていた。

だが、原子力災害時には国防・軍事や外交に関するもの以外の膨大な情報の分析や評価の共有が求められる。場合によっては、政府の政策方向を左右する要素も含まれる。

米側は、機密度の高い情報を提示し、それを前提とした分析を行い、「フクシマ」の近未来を展望したかったのだろう。だから、機密度の高い情報共有ができる情報保全レベルを持つ外事情報部を窓口としたものと推定する。

私は過去、似た経験をしたことがある。一九九五年三月のオウム真理教による地下鉄サリン事件だ。

米側は、地下鉄という密閉された公共空間で化学兵器であるサリンが用いられたテロに、非常に大きな関心を有していた。サリンの原料や製法の入手ルート、被害者に関する医学的考察などの情報も求めていた。

サリンも放射線も、軍事的側面から見れば「大量破壊兵器」のカテゴリーに含まれる。コントロールを失った原子力災害下や核兵器が使用された戦場における部隊の活動がどこまで可能なのか。米側は在日米軍や自国民の安全確保の一方で、軍事に応用できる知見も得ようとしているように見えた。

福島の原子力災害をめぐる米側との情報交換は、三月一五日の初回から四月八日まで一〇回に上った。

事故から一週間後、一八日の会合で先方から示された認識に、私と永井外事課長は息をのんだ。

「四号機の使用済み核燃料プールについては水がなくなっており、『ジルコニウム火災』（核燃料の被覆管として使用されている金属ジルコニウムが燃え出し、さらに大量の放射性物質が放出される事態）などが発生する危険性がある」

先方は、懸念している四号機に温度の上昇がみられるとし、理論的に可能な原因として、「使用済み核燃料プールの破損」を挙げた。原子力技術者の分析やインテリジェンス・リソースを用いた見立てては説得力があったが、我々の見解とはギャップがあった。我々から各種データを示しつつ、「破損状態にはない」との見解を説明した。

その時点で持ち得る限りの情報に基づいた科学的な説明に先方は納得し、最終的に四号機の現状に関しては、「現在も水が残っており、当面の短期的措置として、現在行っている放水を継続することが適当である」との評価で一致した。

会合を重ねるごとに取り扱われる情報に占める技術的ウェートが増加し、その他の内容も密度が上がった。外事情報部からの出席者に外事調整指導官（警視正）、課長補佐（警視）らを加えて対応した。その会合で先方が提示してきた情報にどのような機密が含まれたか、詳細に明らかにすることはできない。

ただ、菅内閣が日本共産党の赤嶺政賢《せいけん》衆議院議員の質問に答えた「福島第一原子力発電所事故をめぐる日米協議と連携対応に関する質問に対する答弁書」（二〇一一年五月二日付）に、以下のような記述がある。

《（前略）米国政府から日本政府に対しては、事故発生後速やかに情報収集を開始したグローバル・ホークによる情報を含め、様々なルートを通じて事故対応に必要な情報の提供がなされており、これらは関係省庁間で適切に共有されている》

グローバル・ホークはイラク戦争（二〇〇三年三月開始）で初めて実戦投入された米国の無人偵察機として知られる。デビューから八年後、今度は福島の上空を飛び、福島第一の状況把握に当たったということだ。

高空偵察で得られる画像等の情報は、情報収集衛星並みあるいはそれ以上の機密度だったはずだ。日本でも現在、衛星情報は特定秘密に指定され、漏洩に刑事罰を科すほどの厳重な管理下に置いている。

一般に、情報収集衛星の画像を含む航空撮像情報に関するデータと分析結果は、それを共有するとカメラの種類等の撮像システムの性能や制約条件、さらに分析官の手法や技量までもが共有者に漏れる可能性があるとされる。

ロシアによるウクライナ侵略では、米英の情報機関が貴重なインテリジェンス・リソースを割いた成果物をウクライナに提供したとされるが、秘中の秘である画像情報を提供したとみられることからして、「フクシマ」に対する米国の脅威認識は、戦争並みに高かったということなのだろう。

危機の時に情報は武器となる

会合は情報交換の場であるから、我々も情報を提供した。私は情報提供に当たって「求められた情報は基本的に、全部渡す」という方針で臨んだ。

情報の世界はギブ・アンド・テイク。相手方が十分に信頼できる場合は、先方が価値を感じるものを示し、こちらの関心事項を得る。

既に述べたように、こちらからNRCに示した情報には、各省庁や東京電力が人や装置を通じて収集し、政府内で必要に応じて共有されるものが大半だった。

永井幹久外事課課長補佐作成による資料は二分冊で、第一編には四基の原子炉の現況と見通しをイラスト付きで解説したもの。第二編には、原発事故現場周辺や被災地域での放射線量等の一次情報（生データ）や、各被災地の放射能レベルに関する分析を展開。そこには、西村警備局長に報告の上、第一線で活動する警察官が身につけている被曝線量計の情報も活用させていただいた。

国際社会における日本への認識改善が、容易ならざることを実感したのは、二〇一一年三月一八日に米国カリフォルニア州で、同月二六日にネバダ州でキセノン一三三が検出されたことを知ったときだった。

キセノン一三三は、原子力災害や核実験に当たり、しばしば観測される同位元素である。「フクシマ」の影響が世界的に広がっているという認識が国際的に形成されていると感じた。同時期には一方で、事故を起こした原発の冷却水処理という問題も浮上。今度は、この問題への対処が当面の課題となった。

四月に入ると、ようやくトレンチから冷却系への汚染水の循環計画が動き出し、同月一一日に原発の敷地内に汚染水タンクを設置する方針が固まっていく。汚染水問題が行き詰まれば、日本政府はかすかに取り戻しかけた信頼を再び失いかねなかった。

当初注目された世界最大の原子力産業複合企業であるフランス「アレバ」(後に再編され、社名を「オラノ」に変更)の処理システムは、そうした手探りの中でフランスから提示されたものだった。

フランス側と最初に接触したのは、四月四日。アレバは、フランス政府が大株主の企業で、当時の社長は、フランソワ・ミッテラン大統領の特別補佐官を務めたこともあり、「アトミック・アンヌ」の異名を持つアンヌ・ロベルジョン。フランス政府は在日大使館にも原子力専門家を参事官として常駐させている。東京電力が自力(自社技術)での処理を諦めた三月下旬、彼らは既に日本政府や東京電力への接触を始めていた。

アレバのシステムは、薬品を使ってセシウムやストロンチウムを沈澱させた後、取り除くというものだった。アレバは当時、原子力事故で発生した廃水処理は「世界で初めてのオペレーション」として、実績がないことを認めていたが、同時に「技術的に処理は十分可能」とも主張して日本側に売り込んできた。他国の原子力災害にも〝商機〟を見いだしていたわけだ。

東日本大震災発生とそれに続く原発事故以来、ハイレベル協議体の設置やカウンターパートとの情報交換に明け暮れていたが、東京での仕事が一区切り付いた五月下旬、私は被災地である宮城・福島へ派遣部隊激励も兼ねて出張した。

訪問先の警察施設では、九死に一生を得る形で全員の無事が確認されてはいたが、実際に崩壊状況を見ると、地震と原子力事故という二つの災害に襲われた被災地から奪われた日常の大きさに胸が痛んだ。鉄塔の下にある仮庁舎で、元気な皆の姿を収めた集合写真は今でも私の宝物だ。

震災とその後の原子力災害を通して、私は危機の時こそ「情報」は武器であると痛感した。その認識は、同年一二月、内閣情報官に就任後、国家安全保障局長を経て現在に至るも、私の中核を形成している。

第九章

在日コリアン　総聯＋民団「統一計画」

1955年に設立された在日本朝鮮人総聯合会（朝鮮総聯）。全体大会では壇上に金日成、金正日の肖像画が掲げられた（時事）

朝鮮半島にルーツを持つ「在日コリアン」による二つの団体を、外事警察はそれぞれ全く異なる目で見てきた。

北朝鮮の強い影響下にあり、破壊活動防止法（破防法）で調査対象団体に指定されている朝鮮総聯については、人事や北朝鮮政権との関係性等をはじめとする動向を注視している。だが、警察庁外事課長だった私は二〇〇六年、在日韓国人のための団体で韓国政府との結びつきの強い「在日本大韓民国民団」（民団）で起きた当時の団長による朝鮮総聯への異常な接近と、それを阻止しようとした一部幹部の動きをも直接、把握することになる。

「朝鮮総聯ではなく民団をですか」

民団幹部による朝鮮総聯への異常なアプローチは、二〇〇六年の団長選挙で河丙鈺《ハビョンオク》氏が団長に選出されたことで顕在化した。朝鮮総聯の指導の下に運営される朝鮮学校の講師の経験もある異色の民団幹部である河氏が団長に就任後、民団は朝鮮総聯との「和解・和合」を表明するなど急速に親北朝鮮に傾斜していった。仮に、民団が総聯に抱きつく形で一体化が成立していたとすれば、盧武鉉《ノムヒヨン》政権（二〇〇三年二月〜〇八年二月）は自身の対北政策の正当性アピールに利用していたことであろう。

二〇〇六年四月一一日午前七時半、私はホテルオークラの日本料理店「山里」で、朝食のテーブルに着いていた。国会開会中ということもあり、通常よりも早い時間設定だった。

私以外のメンバーは、漆間巌警察庁長官、連立与党の木山令二（仮名）参議院議員、民団執行部の幹部、李憲一《イホニル》（仮名）の三人。木山議員は、宗教団体はもとより各種の社会運動にも広範な人脈を有することで知られる参院の大物中の大物だった。

警察庁の一課長が、局長や官房長、次長ら首脳部を飛び越えて長官と朝食を同席する機会は通常、ない。まして、連立与党参院の重鎮と民団執行部幹部が同席していた。

その特殊な会合の成り行きは想像もつかなかったが、食事もそこそこに、私は漆間長官の指示で前日までに準備した報告書の内容から、話せる要素を慎重に選び、説明を始めた。

朝食会の数日前、私は警察庁長官室で、漆間流の例のスタイルで、「北村君、民団の現状を調べてくれ」と指示を受けた。いささか唐突な下命で、後で思えば間抜けであったが、「朝鮮総聯ではなく民団をですか」と私は思わず問い返してしまった。

民団は韓国を支持し、友好国である「日本との共生共栄」を標榜する在日団体である。しかしながら、その年、団長選挙で河氏がトップに就いて以降、急速に北寄りに舵を切り始めた。それは、北朝鮮との融和に力を入れる韓国の盧武鉉政権と同調する動きのようにも見えた。

北との「近さ」は政治的資産

盧武鉉大統領は就任後、少数与党の国会運営に苦しみ、一時は大統領弾劾訴追まで発議されて政治的に追い込まれた。前任の金大中《キムデジュン》大統領は、「太陽政策」を掲げて北朝鮮との融和を強調。二〇〇〇年六月には南北首脳会談を実現し、「世界平和」に貢献したとしてノーベル平和賞を手にしていた。

韓国の情報機関である国家情報院（国情院）の元職員、金基三《キムギサン》氏の証言によれば、金大中政権は首脳会談実現のため、国情院を動員して金正日国防委員長に約二兆ウォンに上る資金を贈ったとされる。

当時の韓国で北朝鮮との「近さ」は、重要な政治的資産と言えた。南北首脳会談は指導力と国際的な存在感を誇示するためのカードとして通用していたのである。

金大中政権の「太陽政策」の継承者を自任する盧武鉉大統領にとっても、会談実現は自身の威厳を高め、政治的安定感を得て、その先の「祖国統一」へ向かう道筋をつけることになる。隣国で韓国よりも国際社会における存在感が大きい日本において、民団が朝鮮総聯と一体化へ向かえば、対北融和政策推進に弾みをつけることは疑いなかった。

その朝鮮総聯との接近を主導したのが、河団長だった。

「山里」での四者朝食会当日の二〇〇六年四月一一日、河団長は民団執行部を引き連れて訪韓。盧武鉉大統領と面会している。

『産経新聞』(二〇〇六年五月三〇日付)の西岡力氏が執筆した「正論」によれば、河団長は盧大統領に、韓国政府から民団への年間八億五〇〇〇万円の支援金を継続するよう陳情したとされる。

河氏は帰国後、朝鮮総聯と「在日韓国民主統一連合」(韓統連)の両団体の幹部との三者会談に臨む。二団体はどちらも北朝鮮の意向に忠実であり、河氏の行動は民団関係者を不安にさせた。しかしながら、朝鮮総聯との一体化工作はこうした懸念をよそに半ば強引に進められた。

危機に瀕する「脱北支援」

私の情勢報告が終わると、李氏が口を開いた。話は民団の「赤化統一」を阻止してほしいというものではなく、李氏が監督する民団の傘下機関「脱北者支援民団センター」が、河指導部によって廃止される恐れがある、というものだった。

「脱北者支援民団センター」は、二〇〇三年六月、北朝鮮を逃れて日本に入国した元在日の人々とその家族らを人道的な立場から受け入れ、国内定着に向けて住居や生活費、職業紹介などで支援することを目的に設置された。当時は、引き受けた脱北者も約一〇〇名に上っていた。それだけに河氏がセンターの一時閉鎖を決めた目的は不明であり、民団の内外に波紋を広げていた。

北朝鮮は、国連等の国際社会で食糧事情や政治犯収容所の運営、公開処刑など人権状況が問題視されることを著しく嫌う。それはすなわち、金正日国防委員長への責任追及と同義であり、国家の最高尊厳の権威や体面が国際社会で傷つけられることを意味するからだ。

北朝鮮は脱北者を、内部情報を外部に漏らす元凶であると位置づけていた。河団長のセンター閉鎖は、北朝鮮・朝鮮総聯側の意向を唯々諾々と受け入れ、人権問題への関与を放擲《ほうてき》することに他ならず、日本人と同じ民主主義的価値観を有する民団の人々にとっては、国際社会への背信と映ったことだろう。

李氏は、「脱北者とその家族、北朝鮮からの脱出に関与した組織や個人の特定につながる情報が北朝鮮側に筒抜けになる。最悪の場合、脱北者が北朝鮮に連れ戻されたり、帰還を命じられたりする可能性がある」と切々と訴えた。

脱北者をめぐっては二〇〇三年、小泉政権が、《(家族らから支援を受けられないような場合に) 自立した生活を送ることができる環境を早期に整えることができるよう、政府として必要な対応を行ってきている》と表明しており、日本政府としても人道上の立場から無関心というわけにはいかなかった。

李氏は、センターの業務中断は、脱北者の「人身保護」の観点から大きな問題であり、完全に閉鎖されれば、民団がケアを引き受けている脱北者の身の安全も守れなくなるなど、日本政府の政策にも影響するのではないか、という危機感を強調した。

これに木山議員も応じ、従前の政府方針に合致するものだとして、人道的な観点から警察が関与できるのではないかと漆間長官に対応を要望した。

北朝鮮は、自国からの自由な出国を認めず、脱北行為を犯罪とみなしている。センターの閉鎖と脱北者らの個人情報は、朝鮮総聯に対する河執行部下の民団からの「和解・和合」の手土産として、さぞかし歓迎されることになるのだろう。

脱北をめぐっては二〇〇〇年代初めごろから、弾圧や食糧難など人道危機から逃れるだけでなく、経済的な目的での脱北者の存在も目立つようになっていた。中国には、一時退避するシェルターを提供する活動家や事業も出現し、東南アジアルートでの脱出経路も確立。元在日朝鮮人とその家族らの安全確保については、警察も一定程度、関与すべき段階でもあった。

そうした時代的な背景もあり、李氏の相談を警察庁としても引き取り、窓口は外事課長である私が直接、担当することになった。

「民団の〝総聯化〟が心配だ」

事態の展開ペースは予想より早く、河団長は二〇〇六年五月一七日、朝鮮総聯との間で六項目からなる共同声明を発表。合意は、両団体の「和解と和合」のほか、その年に予定されていた「六・一五民族統一大祝典」への参加や、日本統治からの解放を記念した「八・一五記念祝祭」の共催——などだった。

祝いのセレモニーのように演出された共同声明の発表ではあったが、いざ声明が発表されると、各地の民団支部では、懸念や反対の声が上がった。翌一八日には長野県地方本部が、民団と朝鮮総聯は脱北者、拉致、人権問題などでの立場の相違があまりにも大きいと指摘、「和解」反対を表明。新潟、千葉、東京地方本部の九支部、愛媛、富山の各地方本部からも反対の声が上がった。

民団中央本部には、そのほかにも多くの反対意見が寄せられ、結局、「八・一五記念祝祭」

をはじめ、共同声明に盛り込まれた行事の共同参加や共催は全て見送られた。

合意をめぐる日本の主要メディアの受け止めは、想像していたよりも冷静だった。

保守系の『産経』は、「民団の〝総聯化〟が心配だ」「民団系の金が総聯を通じて北へ流れる可能性も否定できない」と懸念を示し、『日経』は「両団体の歴史的な和解は南北融和に動く韓国の盧武鉉政権と北朝鮮の金正日政権の意向を反映しており、日本に及ぼす政治的影響も無視できない。両団体の今後の動向を注視する必要がある」と問題の本質を突いて警戒感を強調。リベラル系の『毎日』も「脱北者支援に背を向けるな」「民団は朝鮮総聯との和解の代償としてそうした同胞の人道支援に背を向けるべきではない。ここに今回の『和解』の本質が隠されているのではないのか」と、河団長と総聯の狙いに疑いの目を向けた。概ね警戒心を隠さない論調が支配的といえた。

破防法の視察対象になり得る

私は、こうした世論形成にはおそらく、李氏らの働きかけが作用したものと想像した。「五・一七共同声明」の五日後の五月二二日、私は、「山里」で再び李氏と会い、幅広く情勢を聴き取った。李氏は、センターの廃止を企図する河団長による朝鮮総聯への接近を阻止するため、全国の民団の一層の認識転換が必要だとの考えだったが、決定打となるプランは持ち合わせていなかった。

議論が行き詰まりかけたその時、李氏が尋ねた。

「万が一の話ですが、民団が朝鮮総聯と合併した場合、警察の視察対象となるのでしょうか」

「そうなる可能性も視野に入れた方がいいかもしれません」

私が即答すると、李氏は驚いた表情を見せた。それはもっともな反応だった。「日本との共生共栄」を掲げてきた団体が、言わば、日本と縁を切って北朝鮮と結ぶことになる。そうなれば、一気に破防法に基づく視察対象とされるかもしれないのだ。

民団内部では、合併で生じる不利益や問題に深く思いを至らせることなく、「民族の悲願」というムードに促されて、「和解・和合」に賛成してきた団員が多いのだともいう。

「そんな重大な事実が、民団の内部では知られていない。それを、北村課長から、明示的に民団に説明してくれないでしょうか」

李氏の問いかけは確かに切実だったが、そのような対応はあまりにも唐突で、警察庁からも、その他の政府機関からも、到底できるものではなかった。

「国会答弁」で認識を示す

私は正直、困惑したのだが、方法がないわけでもなかった。国会質疑である。「答弁」という形であれば、警察当局の認識を示すことができる。

準備にさらに時間を要することになると李氏に断った上で、私は漆間長官に報告を済ませると、早速、答弁に盛り込むべき要素と、ギリギリの表現ぶりを検討した。

李氏は、期待を大きくした様子だった。しかし、私は、国会質疑がこの事態に与える影響について、楽観視することはできなかった。「民団内部では波紋を呼ぶことになるだろう」と内心は思った。

民団は、日本社会との同化を旨としている。それが一転して、警察から視察される立場になるかもしれないと言われるのだ。質疑の成否は、やりとりを通じて民団の人々にその懸念を理解させることができるかの一点にあった。

質疑は、二〇〇六年五月三一日の衆議院外務委員会でなされることになった。私は、前日三〇日の午後八時から答弁の詰めの作業に取りかかった。

質疑当日、同月三一日の午前八時半。警視庁一七階の道場で六時半からの剣道の朝稽古を済ませた私は「山里」で李氏と再び向き合った。

李氏は、答弁の内容が気にかかっていたのか、事前に何度か「答弁は、どのようになるのか」と聞いてきた。事前の教示は不可能であることは言うまでもない。全体的な情勢として、民団と朝鮮総聯との一体化は、基本的に推進力を失いつつあったが、それでもなお情勢は流動的であり、答弁内容も状況変化に応じてきめ細かく書き込むことが必要と感じていた。

民団側には、朝鮮総聯と合併すれば自身も「視察対象」になり得ることを理解してもらう必要があったが、やはり日本の警察が在日韓国人に高圧的な姿勢を取って「弾圧だ」などと反発されると、本旨とは異なる観点から批判を受け、状況が複雑化しかねない。したがって、言葉の一つ一つに慎重を期したのだ。

「総聯の動向に重大な関心」

院内の模様を伝える警察庁内の国会モニターに、衆議院外務委員会の様子が映し出されている。呼名された民主党の松原仁議員は単刀直入だった。

「きょうは警察庁の方がお越しだと思います。破防法調査団体の朝鮮総聯と民団が和解をしたわけでありますが、このことはどういうふうな認識なのか。つまり、朝鮮総聯は破防法調査団体であります。その調査団体と民団が正に手をつないだということは、民団に対しても日本の公安は注視をしていかざるを得ないんではないかという声がありますが、ご答弁いただきたい」

「お答えを申し上げます」

小林武仁警備局長は、やや高い声で答弁を始めた。

小林局長はまず、民団と朝鮮総聯による「五・一七共同声明」が両団体の組織の一体化に結びつくとは、現在のところ認識していないと断った上で、「警察におきましては、あくまで公共の安全と秩序を維持するという責務を果たす観点から、ご指摘のような朝鮮総聯の動向には重大な関心を払っておるところでありまして、また、今回の動きも含めまして、朝鮮総聯と民団の関係におきまして具体的な違法行為に及ぶような場合、厳正に対処してまいる所存でございます」

松原議員はさらに、朝鮮総聯との接近を推進する河丙鈺団長について、朝鮮学校との関係性など様々な指摘がなされていたことを念頭に、「この方はどのような御出身なのか、かつて総聯と関係を持っていたことがあるのかないのか、お伺いいたしたい」と質問。

小林局長は、河団長の経歴や朝鮮総聯との関係については「警察としては申し上げる立場にないということでございます」と答える一方で、問われていないのに「警察においては、あくまで公共の安全と秩序を維持するという責務を果たす観点から、朝鮮総聯の動向に重大な関心を持っているところでありまして、また、今回の動きも含めまして、朝鮮総聯と民団の関係におきまして具体的な違法行為に及んだ場合には、厳正に対処してまいる所存であります」と、最初の質問への回答を繰り返す形で強調した。

松原議員と小林局長の掛け合いは一種のトートロジー（同語反復）ではあるが、合併されたら視察対象となり得ると聞こえるようになっている。

この質疑の後、民団内部では小林局長の答弁が大量にコピーされて地方本部や支部に配布されたという。その結果、各階層の組織に動揺が広がり、河団長らの朝鮮総聯との「和解・和合」は説得力を失い、両団体の関係も急激に悪化する。

下部組織ではにわかに、「警察から視察されるのは困る」「日本社会に溶け込んで暮らすという我々の本意とはまるで違う」——といった懸念が共有されるようになっていった。

朝鮮総聯との「和解・和合」を進める気運は消失し、河団長らの運営方針に反対する側の動きが加速。民団執行部は全国から突き上げられる形で、二〇〇六年六月二四日に臨時中央委員会を開催する。

河団長はこの席で、中央委員を前に朝鮮総聯との「共同声明」は「民団の機関決定を経ずに合意された」と謝罪し、「和解・和合」は「白紙に近い状態」だとしてその正当性を自ら否定。辞任要求も突きつけられた。四月一一日の朝食会からおよそ二カ月半後の決着だった。民団内での指導力を完全に失った河氏は同年九月、団長を辞任した。

これは結果論だが、河団長が辞任した翌月の一〇月九日、北朝鮮は初の核実験を実施した。仮に、この年に朝鮮総聯と一体化していたとすれば、民団は、日本社会との乖離を大きくし、相当な軌道修正を迫られていたはずだ。

李氏らの危機管理が、民団の「良識」を救うことになったのだ。そして、衆議院外務委員会で行われた質疑が、民団とひいては韓国の日本での地位を守ったとも言えるかもしれない。「和解・和合」を推進した河丙鈺氏は二〇二一年一〇月に八六歳で死去した。『民団新聞』(電子版)は同年一〇月一二日、短い訃報を掲載している。

韓国当局による関与の痕跡

我が国を舞台とした「在日同胞」の「赤化統一」ともいうべき事態は阻止されたが、一つ疑問が残った。二〇〇六年四月に漆間長官からの指示で調査に着手した際には、この動きを民団を併呑しようとする朝鮮総聯が主導した可能性についても考えた。

しかし、むしろ朝鮮総聯の代わりに浮上したのは、韓国当局が関与した濃厚な痕跡だった。

韓国は、大統領制国家の宿命として、政権交代に当たって幹部は大幅に差し替えられる。保守・革新の間の政権交代時には、前政権の幹部は大幅に排除され、新政権に忠実な組織に改造される。朝鮮総聯との一体化への関与は、韓国では犯罪となる可能性がある。仮に、それを民団に働きかけたのが韓国当局であるとすれば、その下命者は政権中枢にある者であることが容易に推認できた。

河団長らによる朝鮮総聯との一体化工作が瓦解した翌年の二〇〇七年一〇月、盧武鉉大統領は、北朝鮮の金正日国防委員長との間で、第二回南北首脳会談を成立させる。ノーベル賞級のイベントの前では、前年秋の北朝鮮の核実験も問題にならなかったらしい。

「友好国」である韓国の「在日同胞団体」である民団が、破防法に基づく視察対象である朝鮮総聯の懐に飛び込むように合併を求めたという事態の教訓は何か。

刮目《かつもく》すべきは、北朝鮮の対外行動だけではない。内部に深刻な南北対立が伏在する韓国の国内情勢にも、常に点検、検証的な姿勢で目を向けるべきなのだろう。

日本は、隣に日本海を挟んで、北朝鮮という核実験を六回も敢行し、ＩＣＢＭ級をはじめとする弾道ミサイルの発射を繰り返す国が存在する。また、内部に南北対立を抱える韓国は、政治状況如何で、盧武鉉、文在寅両政権のような親北、反日を旨とする政権が出現しかねない不安定感を脱しきれない。

そうした北東アジアの周辺環境を思えば、一七年前の出来事も、あながち特殊な事例として片付けることはできないのかもしれない。

第十章

山口組マフィア・サミット計画

1992年4月、兵庫県公安委員会による意見聴取を終えて県警本部を出る山口組組長代理の宅見勝・若頭（中央）ら主要団体の幹部（共同通信）

一九九二年三月から九五年三月まで三年間、私は在フランス日本国大使館に一等書記官として勤務した。

一九九二年三月二日に着任し、前任の五十嵐邦雄一等書記官（後に皇宮警察本部長）との引継ぎを済ませると、すぐさま、めまぐるしい日々が始まった。四月二八日からは、宮沢喜一内閣総理大臣の訪仏もあった。

警察庁から派遣された一等書記官は、フランス大使館では内政班長を務める。その分掌は、治安・警備にとどまらず、フランスの国内情報の収集や、政治情勢の分析だった。最大のカウンターパートは海外領土を含む地方行政から警察、市民防衛、消防、出入国管理までを所掌する巨大官庁、内務省だ。

総理の訪問前ともなれば、首脳会談を含め、日程が安全、確実に進行するよう内務省とも連携し、情報の収集と分析を行い、警備計画を総括する。

大統領選挙はもとより、上院、下院、欧州議会議員選挙等の主要国政選挙や統一地方選挙の前には、外務省欧州局西欧一課（現在の西欧課）と連絡を取り合い、情勢認識を重ねる作業にも没頭した。

在任中、私は、日仏共同オペレーションを通じて欧州屈指の治安・情報機関、「国土監視局」（ＤＳＴ：Direction de la Surveillance du Territoire）——二〇〇八年に「総合情報部門」（ＲＧ：Renseignements Généraux）を吸収し、現在の国内治安総局（ＤＧＳＩ：Direction Générale de la Sécurité Intérieure）に改編される——の実力を垣間見ることになった。

スパイやテロリストと対峙するＤＳＴは、治安攪乱のわずかな予兆も見逃さず、フランスの国土から〝危機の芽〟を徹底的に排除する。ＤＳＴの有り様は、「警察は如何にあるべきか」という私の警察観形成にも色濃く投影されている。

仏当局と日本赤軍の因縁

一九九二年七月二八日、国際テロを担当する警察庁外事第二課の石川威一郎課長補佐（後に近畿管区警察局長）が、フランスへ出張してきた。

当時、ＤＳＴを含むフランスの治安・情報当局は、「日本赤軍」（ＪＲＡ）の動静把握に格別の関心を払っていた。警察庁としても、中東やマグレブ地域に広く足場を持つフランス当局との連携強化に力を入れていた。石川課長補佐の出張もＪＲＡに関する情報収集とフランス当局との情報交換を目的とするものだった。

既に述べたとおり、ＪＲＡは、「国際根拠地論」を活動方針として、一九七一年二月に共産主義者同盟赤軍派の重信房子元最高幹部らが、パレスチナ解放人民戦線（ＰＦＬＰ）と接触し、その支援の下「共産同赤軍派アラブ支部」を旗揚げ。七二年のテルアビブ・ロッド国際空港での無差別乱射事件を機に「日本赤軍」と名乗るようになり、レバノンなど中東を足場に、世界各地で次々と流血テロやハイジャックなどの凶悪犯罪を引き起こした。

ＪＲＡとフランス当局との因縁は、一九七四年七月、ＪＲＡコマンド、山田義昭が偽造旅券で入国した際、フランス当局が同人をパリのオルリー空港で偽造米ドル札所持と偽造旅券行使の容疑で逮捕したことに始まる。

逮捕の際、山田は作戦指令書を細かく破り捨て、トイレに遺棄したが、これをＤＳＴは全て回収した。つなぎ合わせた邦文の指令をフランス語に翻訳したのは、当時の國松孝次一等書記官（後に警察庁長官）だった。事件の全容解明に貢献した同氏の功績は、私の着任のころもフランス内務省内では語り草になっていた。

ＪＲＡは、この山田の奪還を企て、オランダ・ハーグのフランス大使館に人質を取って立てこもった。フランス政府は最終的にＪＲＡの要求を受け入れて山田を解放、逃亡用のエールフランス機まで用意させられるという屈辱を味わわされた。

ＪＲＡが拠点を置いた東部地中海沿岸のレバント地域や北西アフリカのマグレブ地域には、フランスの旧植民地が存在し、フランス語圏を形成している。〝庭〟を踏み躙《にじ》られた恰好のフランスが、ＪＲＡの取締りにエネルギーを注いだのは至極当然の成り行きだった。

一方、日本も、ＪＲＡを世に送り出したという汚名に加え、「ダッカ事件」で拘束下の犯罪者を超法規的措置の名の下に釈放させられるという煮え湯を飲まされていた。本事件で解放される受刑者の模様や「ドバイ事件」における日航機爆破の映像は、その後、何度もテレビ等で放映され、世界の視聴者の心胆を寒からしめ、ＪＲＡの凶悪さを印象づけた。

同じ辛酸を嘗めた日本警察が、フランスの治安・情報機関を欧州における主たるカウンターパートに位置づけたのは必然の流れだった。

女性鍼灸師とＪＲＡメンバー

このような背景の下、フランスには国際テロ担当官の往来が頻繁で、石川課長補佐の出張もその一環だった。

当時、日仏の当局は、一片の情報に接していた。

《（レバノンの）ベカー高原に居住し、ＪＲＡとコンタクトした経歴があるレバノン人の女性鍼灸師《しんきゅうし》がフランスに移住した。同人はフランス入国後も日本やレバノンの関係先に連絡している》

フランス当局は、ＪＲＡが自国内に新たな基盤を構築しようとしている可能性に重大な関心を抱き、監視を強化。女性鍼灸師が仏入国後、人定不詳の日本人女性と接触していることも把握していた。

女性鍼灸師はかつて、日本国内のパレスチナ支援勢力の協力なども得ながら日本で鍼灸治療の知識と技術を身につけた人物だった。数カ国のテロ対策機関からは、ＰＦＬＰやパレスチナ解放機構（ＰＬＯ：Palestine Liberation Organization）の支援者として認識されてもいた。

フランス当局は警戒を強めていたが、一方で、女性鍼灸師については当時、既にＪＲＡの武装闘争路線から距離を置き、医療活動に専念していることがうかがえた。仮に、女性鍼灸師がフランスに拠点を設けたとしても、ＪＲＡのコマンドが接触するとは考えにくい――。こうした我が方の分析を伝えると、フランス当局は一旦、落ち着いた。

だがその後、警察庁から全く新たな情報がもたらされる。今度は、東南アジアからパリ経由でベイルートへ向かう日本人女性客がおり、同人はＪＲＡのメンバー、小笠原千賀子（仮名）である可能性が高い、というものだった。

この情報に、フランス当局は色めき立った。フランス国内において、JRA支援者と未だ足取りの摑めないJRAメンバーとの接触が推認されたからだ。これは、先の情報とも符合する。フランスから米国に向かった石川課長補佐は、八月二日に急遽フランスにトンボ返りすることになり、日曜日にもかかわらず、同日早朝からDSTでミーティングが行われた。

小笠原は、一九七四年に東京・丸の内の三菱重工ビル爆破などのいわゆる「連続企業爆破事件」に関与し、七五年五月に逮捕された「東アジア反日武装戦線・狼グループ」の一人。七七年の「ダッカ事件」で超法規的措置により釈放され、出国していた。

仮に小笠原本人であれば、フランスにとって、JRAの国内拠点設置工作を未然に防ぐことになり、JRAメンバーを芋づる式に検挙できる可能性もあった。

一方、日本警察にとっては、逃亡を続ける小笠原の身柄を一五年ぶりに確保する千載一遇の機会となる。

厳戒態勢のシャルル・ド・ゴール空港

警察庁は、小笠原千賀子と思料される人物に関して、フランス治安・情報機関と緊密に連携し、同国内での行動と人定を確認した上で最終的に検挙するかどうかを決めるとの方針を定め、私は石川課長補佐とともに、日仏共同オペレーションに加わることになった。

「小笠原千賀子と思料される人物」は一九九二年八月五日、事前情報のとおり、シンガポール発SQ337便で入国。パリ市内で一泊してベイルートに向かう予定に変更はみられなかった。フランス当局は、同国に滞在する二四時間以内に「小笠原であるか否か」を見極めなければならなかった。

夏のバカンス期特有の開放感に満ちたシャルル・ド・ゴール空港には制服警察官が巡回。DSTの対テロ要員も配置されているが、こちらは周囲に完全に溶け込んで見分けることができない。

トランジット・カウンターの航空会社の女性職員が、緊張のあまり対象者の眼前で、地上職員に扮したDST要員に伺いを立てに席を外れるというハプニングに肝を冷やしたものの、オペレーションは順調に推移した。

様々な角度からの入念な観察、そして練達のDST捜査員の努力により個人識別に必要な証拠を採取した。警察庁における分析を経た結果、我々は対象者を「小笠原千賀子ではない」と判断した。

女性は、翌日予約したME211便に搭乗し、ベイルートに向かった。

「当該女性については、ベイルート空港で出迎えの男性が現れ、熱い抱擁を交わした」。ベイルート空港からのリエゾンの報告が、我々のオペレーションが空振りに終わったことの裏書をしていた。

山口組若頭・宅見勝の渡仏情報

フランス勤務は息継ぐ間もなく、仕事がやってくる。

JRAをめぐる日仏共同オペレーションから程なくのことだった。広域暴力団五代目山口組若頭、宅見勝がフランスへ渡航するという報道が流れた。

即座に私は、「あり得ない」とつぶやいていた。宅見勝は、一九九二年七月三〇日、外国為替及び外国貿易管理法違反容疑で大阪府警に逮捕されていた。

私は、早速、発足直後の警察庁の暴力団対策第二課の担当官に電話をかけ、釈放、渡航許可まで出すことになった経緯と、宅見勝の狙いや事態推移の見通しを問うた。担当官も戸惑っていたようで、裁判官が決めたことだとの説明に終始した。

宅見勝は、逮捕されると、肝臓疾患など持病が悪化したと主張。拘置施設外の医療施設で治療を受ける必要があるとして、拘置執行停止を訴えた。大阪地裁は、この主張を受け入れた上、驚くべきことに出国まで認めたのだ――。分かったことは、報道の範囲を超えなかった。

この司法判断は、完全な誤りだ。検察当局はなぜ、もっと強く説得し、裁判官の誤った判断を正さなかったのか。憤りすら憶えた。

「これは、日仏関係全体にも関わる重大な問題であり、フランス治安当局との関係からも、状況を先方に通告せざるを得ません」

警察庁幹部に半ば一方的にそう伝えると、同年八月一七日午後、地下鉄ビラケム（Bir-Hakeim）駅近傍、パリ市一五区グルネル通り（Boulevard de Grenelle）に面するＤＳＴ本部に向かった。自由フランス軍とロンメルのドイツ機甲師団が戦った北アフリカの激戦地に因んだビラケム駅は、セーヌ川を右岸から左岸へ地下鉄六号線が渡ったところに所在し、地下鉄駅とは言え、鉄橋の袂に位置する高架駅だ。頭上では、鋳鉄を振動させる地下鉄の通過音が鈍く響く。

私はＤＳＴ本部の斜め向かいのカフェテラスでダブルのエスプレッソ（express double）を啜りながら、約束の三時まで何を伝えるべきかを思案した。

我《われ》こそ「フランス治安の要」

「小笠原千賀子」のフランス渡航情報が結果的に空振りだったことに続き、今度は日本が解き放った広域暴力団のナンバー2の来訪だ。日本は、またしてもフランスに「治安攪乱要因」を送り込むことになる。そうなった顚末や、日本の暴力団組織の概要は伝えなければならない。私は何とも言えない気持ちでカウンターパートの前にいた。

《フランス共和国の領土内において、国家権力により教唆され、企図され、又は支援された、フランス共和国の安全を脅かす活動を調査し、予防し鎮圧する》（一九八二年一二月二二日付政令第八二―一一〇〇）ことを任務とするＤＳＴにとって、日本の暴力団など、本来の職分とは無関係だ。

ＤＳＴにとっては、仏伊映画「ボルサリーノ」でアラン・ドロンやジャン＝ポール・ベルモンドが演じた世界よりも遠いに違いない。それに、そもそも組織暴力対策を担うのは、ジュール・メグレ警視やカミーユ・ヴェルーヴェン警部で有名な「司法警察」(Police Judiciaire) であることも十分に承知していた。

「本件は組織暴力の大幹部の出入国管理と犯罪対策に関する事項であり、主として司法警察局の分掌と考えるが、貴局に通告したことで国家警察総局に通告したということになるのか」

私はまず、通告窓口を確認した上で、続けた。

「日仏共同で進めたオペレーションへの貴局の取り組みを考えると、貴国への脅威の侵入阻止という観点から、本件の取扱いについても貴局が最も適しているのではないか」

これにＤＳＴ担当官が、気の利いた言葉で応じる。

「ムッシュ・キタムラ、我が国の治安に重大な影響を及ぼす可能性のある、貴重な情報の提供に感謝する。本件については、国家警察総局内、例えば国境警察局等との調整や司法省、国防省国家憲兵隊との対外折衝は、全てDSTにおいて行う。オペレーションについても我々が直接ハンドリングするので、このチャンネルをそのまま維持してほしい」

「小笠原千賀子」入国情報の空振りに対する気兼ねなど、全く無用だった。我こそ「フランス治安の要」であるという強烈なプライド――。DSTの本流意識を見た瞬間だった。

翻って「治安攪乱要因」を送り出す側となる我が国はどうか。「裁判官が認めたのだから、仕方がない」――。そこには国家として対外関係についての考慮は一切存在しなかった。裁判所、検察、警察は、暴力団の国際進出動向に如何に対処すべきなのか。基本的な視点と主体性の欠如も甚だしかった。

ミラノで伊マフィアと会議

DSTを後にした私はもう一カ所、行くところがあった。「国家憲兵隊」(当時は国防省が所管、現在は内務省・軍事省が共管する軍警察組織、GN:Gendarmerie Nationale)である。

フランスには警察が二つある。一つは内務省所管の国家警察、もう一つが国家憲兵隊だ。

これはフランスのモンテスキュー以来の伝統、「分割して統治せよ」(Divide et impera)、「権力分立」(séparation des pouvoirs)を、警察という権力機構に当てはめたものなのだろう。基本的には、都市部は国家警察、地方は国家憲兵隊と大まかな管轄区分は存在する。

しかし、実態はもっと複雑だ。例えば、本件の舞台となるシャルル・ド・ゴール空港は、その外周は国家警察の管轄だが、滑走路などの空港施設は国家憲兵隊が所管しており、今回のオペレーションでは国家憲兵隊の協力を得ることが不可欠だった。

一九九二年八月一八日、パリ市の高級住宅街一六区に所在するGNのパリ連絡事務所で、口元にカイゼル髭を蓄えたジャン＝フランソワ・ラバンド大佐(仮名)と相対した。日本のポリス・アタッシェがわざわざ、直接のカウンターパートではないGNを訪問したことに気を良くしたのか、先方は非常に友好的だった。

「ムッシュ・キタムラ。ご存じかもしれないが、本件は単に宅見勝という日本のマフィアの大幹部の動向に関する問題ではないのです」

髭をひと撫でして切り出したラバンドは、宅見勝と同時に、山口組五代目組長の渡辺芳則にも渡仏計画があることを明かした。私が「承知している」という意味で頷くと、ラバンドは淡々と続けた。

「実は、渡辺芳則と宅見勝はフランスへ入国した後、ミラノへ転じ、イタリアのマフィアと会議を持つ予定になっているのです」

知らなかった。ＧＮの情報を加えると本件は全く違う構図になる。日伊のマフィアが、イタリアでサミットを計画していた。山口組は、フランスをサミットへの中継地として利用しようとしていたのだ。

宅見勝は出国の理由として海外での入院治療を挙げていたが、イタリアでマフィア・サミットが計画されていたとなるとそれは虚偽の疑いすらあった。

カネ・ヒト・トチで追い詰める

山口組は、なぜ、イタリア・マフィアとの接近を図ったのか。

それは、山口組をはじめとする暴力団が当時、取締りや法整備の強化で、国内では喰い詰める恐れがあることを感じ、国際化を指向していたからだ。当時の暴力団をめぐる環境を整理すると、国際化の背景が見えてくる。

暴力団の構成員、準構成員を合わせた総数は最近でこそ減少傾向にあるが、一九九一年に約九万一〇〇〇人と平成以降ではピークに達していた。増長を押さえ込むため、政府は法規制強化に乗り出す。九二年三月一日に「暴力団員による不当な行為の防止等に関する法律」（暴力団対策法）が施行された。

この法案作成は、警察庁の法制グループが全員集結した大仕事であった。これは、暴力団対策に向け、警察があらゆる立法技術を駆使し、総力を挙げた取り組みだったのだ。

法の施行日を年度の変わり目ではなく、三月一日と前倒ししたことにも、警察庁の意気込みが表れている。

前倒しになったことで、施行準備の現場は猫の手も借りたい状況だった。私も、フランスへの赴任が決まった後の一九九一年八月末から渡航直前の九二年二月まで、捜査第二課（当時）の施行チームで「暴力追放運動推進センター」の設置事務にかかりきりとなっていた。

在フランス大使館にいながら、五代目山口組若頭宅見勝の渡仏情報にすぐさま反応できたのは、赴任直前まで暴力団対策法のタコ部屋で連日午前二時、三時までの施行準備を担っていたためだったのかもしれない。

暴力団組織の力の源泉である「カネ・ヒト・トチ（事務所などの拠点）」から組織を追い詰める暴力団対策法は、前述のとおり、宅見勝、渡辺芳則といった山口組最高幹部が、国際連携に活路を求めざるを得ないほど、暴力団社会に危機感を与えていた。

暴力団対策法は、第三条で《都道府県公安委員会は、（略）当該暴力団を、その暴力団員が集団的に又は常習的に暴力的不法行為等を行うことを助長するおそれが大きい暴力団として指定するものとする》と定めるが、指定の前提として当該暴力団側の主張を聞く「意見聴取」手続の実施を定めている。

激震に見舞われた山口組、住吉会、稲川会の主要三団体は、意見聴取に最高幹部や弁護士を動員し、幹部自ら口々に「暴力団」であることを否定。最大勢力の山口組の危機感は特に強く、暴力団対策法施行一カ月後に実施された兵庫県公安委員会の意見聴取で、「法律でいう暴力団には当たらない」と主張した上、暴力団対策法を「憲法違反だ」と激しく批難し、抵抗した。

「組織犯罪者に国土を踏ませない」

宅見勝は、五代目山口組若頭として、渡辺芳則の代理として組織側の言い分を主張する役割を担っていた。その「スポークスマン」を乗せたＪＡＬ４０５便がシャルル・ド・ゴール空港に到着したのは、一九九二年八月一九日午後五時二四分だった。

それに先立ち、私は同日午後三時に改めてビラケムのＤＳＴの本部を訪ね、情報のすり合わせと警戒警備の最終確認を済ませた。

オペレーションの窓口となっていたＤＳＴにフランス当局の基本的対処方針を尋ねると、「強制退去にする」(expulsion、国外追放)という。そこで、こちらが「どのように執行するのか」と尋ねようとすると、先方はそれを遮るように、「フランス警察は、組織犯罪者にフランスの国土を踏ませることはない」と言い切った。

フランス当局が想定していた宅見勝強制送還オペレーションは、日本の「普通」の手続とはかなり異なるものだった。

日本では、海空港からの不法入国者の強制送還は、一旦、施設に収容する段階を経るが、フランスではそのような迂遠な方法は取らない。

中空の巨大な円盤のような形状の第一ターミナルに駐機したＪＡＬ４０５便は、さながら戒厳下のシャルル・ド・ゴール空港で、照明で浮かび上がった尾翼の赤い鶴のマークが夜陰に鮮やかだった。

フランス当局の指示で、まず一般乗客を速やかに降機させた。その後、国家警察の係官数名が同機に乗り込み、宅見勝とボディーガードが座る席を注意深く取り囲み、人定を確認する。ほぼ同時に完全武装の特殊部隊員も乗り込み、宅見勝ら二人の一挙手一投足を注視する。

宅見勝とボディーガードが苛立っているところに、「フランス共和国への入国を禁ずる」旨の通告。ボディーガードが「このやろう！」と怒りを爆発させながら体を動かすと、一瞬にして、係官等によりその場に組み伏せられたという。

結局、二人は監視付きでしばらくＪＡＬ機内で待機するほかなく、同じ機体が日本行きの便として整備されると、そのまま帰国した。

フランス当局は、その言葉に違《たが》うことなく、宅見勝にフランスの国土を一ミリたりとも踏ませることなく、日本の航空機の中に閉じ込め、我が国に送還した。

饒舌な我が国の警察とは異なり、峻烈《しゅんれつ》で、厳格なフランス式の「無言の職務執行」の現場が目に浮かんだ。

ラバンド大佐の情報力

それにしても、日本最大暴力団のナンバー2はなぜ、容易に出国が認められたのだろうか。

前述のように、宅見勝は逮捕された後、肝臓疾患などの持病が悪化し「拘置に耐えられない」と申し立て、大阪地裁から拘置の執行停止を認められた。治療を理由とする執行停止であるから、その間の居住地は、特定の病院となる。

しかし、病院理事長が、〝当院の検査では、病因等について最終的な判断ができない。フランスの一流病院の入院承諾を得ている〟といった趣旨の上申書を提出。大阪地裁は、これを受け、制限住居の変更を承認してしまう。

だが、警察庁がＩＣＰＯ（国際刑事警察機構）を通じて事実関係を照会したところ、入院治療先であるはずのパリの病院では手続もされていなかったという。

この事実を知ったとき、何もかもお見通しであるかのように髭を撫でるＧＮのラバンド大佐の顔が、脳裏を過った。

第十一章

中国スパイのTPP妨害工作

中華人民共和国の最高指導者として、世界秩序の頂点に立つことを目指す、中国共産党第5代中央委員会総書記・習近平（EPA＝時事）

中国の大戦略を端的に表現すれば、米国を凌駕《りょうが》して世界秩序の頂点に立つことといえるだろう。

豪州の作家・批評家、クライブ・ハミルトンは、著書『目に見えぬ侵略』(Silent Invasion)の邦訳版で、中国の意図するところを《米国の持つ同盟関係の解体である》と喝破《かっぱ》している。我が国をはじめとする同盟国を米国から引き剝がすことにより、米国の世界戦略における力の源泉たる同盟そのものを弱体化しようとしているとのハミルトンの指摘は、蓋《けだ》し慧眼である。

ハミルトンは、我が国を弱体化させるための「侵略」の実態についても概略以下のように述べている。

《数千人にものぼる中国共産党のエージェントが活動し、スパイ活動や影響工作、そして統一戦線活動に従事。日本の政府機関の独立性を損ね、北京が地域を支配するために行っている工作に対抗する日本の力を弱めようとしている》

実際、警察庁外事情報部長の任にあった二〇一〇年、私は、米国主導の世界秩序に挑戦する中国が、我が国の対外政策に介入する事態に直面した。中国は当時、我が国の「環太平洋パートナーシップ」（ＴＰＰ：Trans-Pacific Partnership）への参加阻止を画策していたのだ。

中国が農水省高官に接触

その情報に接したのは、二〇一〇年一〇月下旬、外事情報部長として米国出張中のことだった。

米側カウンターパートとのミーティングは連日、機微な内容に及び、頗《すこぶ》る消耗する。ポトマック川を見下ろすヴァージニア州ロズリンに所在する安宿、ホリデイ・インの自室に戻ると、時差解消の誘眠剤を飲んで朝まで熟睡する毎日だった。

三泊目、けたたましく鳴る旧式の電話のベルで叩き起こされた。反射的に時計を見ると、まだ真夜中だ。

「北村さん、岡畑です。大変なことになっています」

霞が関の高官、岡畑浩氏（仮名）だ。彼とは、開成同窓の親友香川俊介財務省大臣官房長（後に財務事務次官、故人）の紹介で以前から親しくしていた。香川君による「ヤツは頭が良いよ。理系だから。岡畑に案件を話すと、パーッと隅から隅まで理解しちゃうんだ」との言に違わず、頭脳明晰、冷静沈着さでは、霞が関でも抜きん出た存在だ。

「北村さんは、在京中国大使館の『李春光《りしゅんこう》』という一等書記官をご存じですか」

「李……。聞いたことはある。それがどうかしたの」

「李春光が大暴れしています。このまま放置すれば、日本はだめになります」

岡畑氏は、事物を大仰に語るタイプではない。

「日本がだめに……？　ただ事じゃないね」

岡畑氏が伝えてきた情報は、大要以下のとおりだった。

在京中国大使館経済処に所属する一等書記官、李春光が、農林水産省の高官らに相次いで接触。横浜で開催されるＡＰＥＣ（Asia Pacific Economic Cooperation、アジア太平洋経済協力）の主要議題であるＴＰＰについて、協議開始という我が国の対処方針をねじ曲げようとしている――。

言わずもがなだが、ＴＰＰを含むマルチ（多国間）の貿易枠組みは、関税撤廃と自由貿易による経済的恩恵のみを目的とするものではない。

当時、米国オバマ政権がＴＰＰを推進しようとした背景には、中国の台頭によってインド太平洋地域において影響力が著しく減衰した米国のただならぬ危機感があった。そして、同地域への無関心を改め、影響力を取り戻すという狙いがあった。オバマ政権にとって、翌年以降表明することになる、アジア太平洋地域への外交・経済戦略の重点的な回帰、「リバランス政策」(Asia Pivot Strategy, Rebalance) の一環だった。

リバランスは、軍事的プレゼンスの回復・維持や多国間の政治・経済上の枠組みへの積極的な参画、さらには法の支配に基づく地域秩序の主導などを目的に、対中国を明確に意識した包括的な戦略だった。TPPは、当時この戦略の最重要のパーツとして位置づけられていた。

岡畑氏が伝えてきたのは、インド太平洋地域において米国の最重要の同盟国であり、TPPに対し潜在的に大きな影響力を有する日本の参加を阻止するため、中国が我が国の農水省高官らに接近しているという事実だった。

TPPへの加入は、同年一一月一三、一四日に横浜で開催されるAPEC首脳会議における主要テーマであり、菅《かん》民主党政権は、巷間参加に向けて前向きに取り組んでいると伝えられていた。

しかし、その裏でこれを阻止すべく蠢《うごめ》く外国勢力が存在したのだ。

「レフチェンコ証言」を想起

李春光の活動は、我が国の外交・経済通商政策に対するあからさまな介入だった。

これは、諜報活動のうちでも最も高度な部類に属する。すなわち、政官界、言論界に涵養《かんよう》、獲得した人的資源を縦横無尽に駆使し、政策決定に影響を及ぼす、「影響力行使」(Influence Operation)と言われるものだ。

すぐに頭に浮かんだのは、「レフチェンコ証言」である。

我が国から米国へ亡命したソ連の「新時代」(ノーヴォエ・ヴレーミヤ)誌東京支局長スタニスラフ・レフチェンコ氏は、その肩書きを利用しつつ日本の各界に対して、日・米・中の離間、親ソロビーの扶植、日ソ善隣協力条約の締結、北方領土返還運動の鎮静化等を狙いとし、政治工作を行った。

この事実は、一九八二年七月の米国下院情報特別委員会において、「ソ連のアクティブ・メジャーズ」(政治工作)として明らかにされ、当時我が国では各界に大きな波紋を投げ掛けた。これも今でいうInfluence Operationに他ならない。

この段階で、中国側がどこまで当時の民主党政権とその周辺に浸透しているかは定かではなかったが、岡畑氏の話を聞き終えるころには、暗闇の中で事態の重大さに眠気も吹き飛んでいた。私は、東京で岡畑氏に直接会い、情報交換をすることを約して電話を切った。

帰国翌日の二〇一〇年一一月一日、警察庁外事課の重永達矢理事官(現群馬県警察本部長)に概要を伝えた。重永理事官の立ち上がりは素早かった。「早速、警視庁に伝えます」と、事件と対象人物の容疑解明を要請してくれた。

まずは、李春光について諜報接触などの特異動向が認められるか否かを確認することが先決だった。

警視庁公安部で中国の諜報活動を監視、取り締まる外事第二課（当時）は、李春光を二〇〇七年の入国当時から諜報容疑の視野に入れていた。警視庁がその存在に着目したのは、中国による別のスパイ事件が契機だった。

警視庁は、防衛庁（当時）技術研究本部の技官が、防衛庁に出入りする日本人貿易業者に潜水艦技術に関する部内向けの論文を手渡した事件の捜査の過程で、防衛関係者への接近を図った李春光の存在を把握していた。

警視庁は、重永理事官からの情報伝達を突破口に、早速、影響力行使の容疑解明に着手した。

「李春光はただ者じゃない」

二〇一〇年一一月二日午前八時、帝国ホテルのフレンチレストラン「レ セゾン」で岡畑氏と相対した。

「やはり、李春光はただ者じゃないね」

そう前置きして、李春光の動向について、とりあえずの分析を交えて説明し、ＴＰＰ参加阻止は中国にとって戦略価値が高い工作であるとの見解を述べ、岡畑氏の言葉を待った。

岡畑氏は、立ち回り先での李春光の言動などについて詳細な情報を持っていた。世界経済と安全保障に通暁した岡畑氏にＴＰＰの戦略的重要性を説くとは、正に釈迦に説法だったと後で反省した。

当時、ＴＰＰは、米国の対中国抑止政策の重要な一部分であった。したがって、日米同盟離間を目指す中国の戦略上、我が国のＴＰＰ参加は、是が非でも阻止したいはずだ。当然、中国は我が国の閣僚や政権中枢にもＴＰＰ加入阻止という観点で浸透していると推認できた。

「レ セゾン」での朝食会で、私は李春光の動きの背後に中国の明確な戦略があることを再確認したが、実際、李春光はスパイとして相当深く政官界に浸透していた。明らかになっている李春光の動静からも、それは容易にうかがえた。

李春光は、天安門事件が起きた一九八九年六月、人民解放軍傘下の外国語学校（河南大学という説もある）を卒業、人民解放軍総参謀部に配属された。

日本で初めて公式な足取りが確認されたのは一九九三年五月のことだ。李春光は福島県須賀川市の友好都市である中国・洛陽市の職員として来日。「須賀川市日中友好協会」の国際交流員を名乗っていた。

その後、一九九五年四月から九七年三月までの間、福島大学大学院で日中関係に関する論文を執筆▼九七年四月から九九年三月までの間帰国、総合学術機構の最高権威「中国社会科学院」で日本研究所副主任▼九九年四月に再来日、松下政経塾に海外インターンとして入塾▼二〇〇三年から〇七年までの間再来日、東大付属機関「東洋文化研究所」「公共政策大学院」で研究員——。

立派な〝日本専門家〟の誕生である。日本滞在中は、「人民解放軍総参謀部第二部」との関係は曖《おくび》にも出さず、中央政財界との人脈作りに励んでいた。

大使館職員などの公的な肩書きを与えられて入国し、活動するスパイを「オフィシャル・カバー」と呼ぶ。彼らは赴任と帰国を繰り返しながら、キャリアを積み、人脈を広げ、職位、そして自分の接触対象の「格」を上げていく。

李春光は、一九九三年の須賀川出現から一七年の間に、我が国の政治、経済、社会の制度や文化に精通した。松下政経塾の同期には、後の民主党国会議員もいた。「日本研究者」と説明されれば、怪しまれることもなく、財界にも人脈を広げられた。李春光のキャリアパスは、典型的な「リピーター」のものである。

多くの場合、リピーターは、キャリアの最終盤で大きな仕事をする。乾坤一擲《けんこんいってき》の大勝負。中国に限らず、外事警察が取り組んだ歴代のロシアスパイにも通ずる傾向だ。

李春光にとって、ＴＰＰで日米の足並みを乱して同盟解体の一端を担う作業は、スパイとしての総決算だったに相違ない。

コメ一〇〇万トンとレアアース

情報収集を進めるうちに、李春光が我が国の政策サイドに提示したＴＰＰ加入放棄の見返りが明らかになる。驚くべきことに、中国側は、①日本産のコメ一〇〇万トンの輸入と②レアアース禁輸措置解禁を持ちかけていたのだ。

コメとレアアースは、日本経済の急所と言ってよい。我が国を知り尽くした中国ならではの条件設定だ。

政府は、一九六九年から減反によるコメ生産抑制策を採ってきたが、コメ余りは解消されず、買い取り価格と売り渡し価格の逆ざやによる赤字は拡大した。コメ余りは深刻な問題だった。そんな場面で、中国が一〇〇万トンを引き受けるというのであれば、正に渡りに船ということだ。

レアアースは、さらにホットイシューだった。

この年（二〇一〇年）の九月七日、沖縄県石垣市の尖閣諸島沖で中国漁船が海上保安庁巡視船に衝突する事件が発生。この事件処理に激しく反発した中国は、レアアース輸出の全面ストップを我が国に通告した。レアアースを製品の糧とするハイテク製造業を中心に、我が国の産業界そして経済産業省は大きな衝撃を受けた。

当時、中国のレアアース産出量は、全世界の九七%に上り、その三割以上が日本向けだった。我が国はレアアースを原料とする製品で世界的なシェアと最先端の技術を誇っていた。主な用途であるネオジム磁石を使った中間製品は、マレーシアや中国へ再輸出されて日本企業に莫大な利益をもたらし、パソコンなどのハードディスクに必須の高性能磁石は、当時ほぼ全量を我が国で生産していた。

中国は、レアアース禁輸を武器化、すなわちエコノミック・ステートクラフトとして、我が国に外交通商政策の転換を迫ったのだ。この事件の主文は、正にそこにあった。かくして二〇一〇年は、中国のあからさまな経済的威圧(Economic Coercion)により、経済安全保障の重要性を我が国に深く刻印した年となる。

「最低でも県外」の代償

衆院選を一カ月後に控えた二〇〇九年夏、民主党の鳩山由紀夫代表が米軍普天間基地(沖縄県宜野湾市）の移設先を「最低でも県外の方向で積極的に行動したい」と発言。米国政府には同盟関係に対する重大な懸念を抱かせた。

鳩山総理はその後、バラク・オバマ大統領に「トラストミー」と釈明。しかし、普天間基地移転問題は混迷し、米国には我が国への不信感だけを残す結果となった。

当時、我が国では、ＴＰＰ参加は、ＡＰＥＣの首脳宣言においてアジア太平洋自由貿易圏（ＦＴＡＡＰ：Free Trade Areas of the Asia-Pacific）の実現のための地域的な取り組みの基礎として位置づけられ、合意を追求すべきものとされていた。当時の野党である自由民主党や公明党からは食糧安全保障や自国農業保護の観点から疑義が呈されていたが、流れとしては二〇一一年のハワイでの妥結に向け、議論が進んでいた。

李春光は、ＴＰＰ妥結ギリギリのタイミングで、農業と重要物資サプライチェーンの二分野で切り札をさらしてきたのだ。

岡畑氏からの国際電話で李春光の対日影響力行使に関する情報を聞いてから約一年後の二〇一一年一〇月、私は外事情報部長を離れ、長官官房総括審議官に異動。同年一二月には内閣情報官を拝命し、防諜捜査の動向に直接接することはなくなった。

しかし、この間、東日本大震災という困難に見舞われながらも警視庁外事第二課は李春光に対する容疑解明を静かに、確実に進めていた。

「政界ルート」の解明

警視庁は二〇一二年五月、李春光に出頭要請をかけた。

李春光は、民間人として取得した外国人登録証を不正に用い、ウィーン条約で禁じられた任国における商業活動を行っていた疑いが濃厚となった。外交活動に付随する行為とは言いがたく、刑事責任が問えると判断したのだろう。

同年五月中旬、警察当局は外務省を通じて在日中国大使館に出頭を要請するが、李春光は一時帰国。これを受け、警視庁は研究員と身分を偽って不正に外国人登録証を更新したとして、外国人登録法違反（虚偽申告）並びに公正証書原本不実記載・同行使の容疑で李春光を書類送検した。

李春光の摘発について、中国外務省の劉為民《りゅういみん》報道局参事官は定例記者会見で、「彼（李春光）が諜報活動に従事していたとする関連の報道は全く根拠がない」と否定した。

捜査で判明した事件の基本構図は、不正取得した書類を使って銀行口座を開設し、健康食品会社に中国への投資を誘いかけて顧問となり、一五〇〇万円の顧問料を入金させていたというものだったが、李春光が民主党政権の筒井信隆農水副大臣ら政務三役に接触していたことから、

「政界ルート」の解明が焦点となった。

「政界ルート」で疑惑の対象となったのは、「農産物の対中輸出促進事業」だった。

筒井副大臣らは、二〇一〇年当時、「コメ二〇万トンを輸出できれば減反の必要はなくなる」などとして、事業の効果を強調。同年一二月には自身が訪中し、事業を引き受ける中国の国有企業「中国農業発展集団」と事業推進に関する文書を取り交わした。同事業をめぐっては、一一年三月の福島第一原発事故の発生で、中国が一部の都県産食品の輸入を止めた際にも中断されず、「政治主導」の特別案件という印象が持たれていた。

さらに、鹿野《かの》道彦農水大臣が自らの関係者を当該事業の日本側事業主体である「農林水産物等中国輸出促進協議会（促進協）」の代表に就任させた。

筒井副大臣は、コメの初輸出に当たり、本来、中国へのコメ輸出に必要な燻蒸《くんじょう》処理などを経ずに、展示館用として出したと発表。しかし、中国側からはあっさりと受け入れを拒否され、日本産のコメの実際の展示・販売についても先行きの不透明感が増した。

さらに、促進協の代表が事業に関連し、農水省の機密文書を大量に所持し、李春光も出入りしていた議員事務所で閲覧させていたことが発覚する。興味深いのは、福島第一原発事故の発生を受けて農水省が状況を分析した、国内のコメの需給見通しに関する「機密性3」文書なども含まれていたことだ。

農水省が作成したコメの需給見通しを中国側が知れば、日本側がどれほどのコメを売りたがっているのかを見透かし、買い入れの量や価格の駆け引きで足元を見ることができる。李春光にとっては、喉から手が出るほど貴重な情報だっただろう。

事業は、再三のトラブルや度々の延期の結果、二〇一二年一〇月に農水省が支援を取りやめることを決め、事実上の打ち切りとなった。

だが、この事業計画は二〇一〇年八月に筒井副大臣らが民主党内で新設した勉強会で浮上したものであり、そこには李春光も出席していたことが明らかになっている。

中国大使館でコメの輸入は商務処の所掌であり、李春光が所属した経済処には、農産物輸入に関する権限はなかった。当初から李春光主導の下に動いていた事業に、民主党政権が無批判に乗ったが故の顚末であった。

仮に政府間ルートで事業計画を進め、冷静かつ合理的に事業の実現可能性について点検、判断していれば、李春光の影響力行使に導かれるがまま「コメ輸出事業」に踏み込むことはなかったはずだ。

李春光が、TPP参加放棄の見返りとして、我が国に持ちかけていたもう一つの条件だったレアアースの輸出解禁についてはどうか。

レアアースの対中依存度が極めて高い我が国に対して、レアアースは中国の極めて有効なバーゲニングチップ（交渉などの取引材料）だった。尖閣諸島漁船衝突事件の直後であり、メディアのアナウンス効果もあって、民主党政権は動揺していた。

しかし、李春光が輸出解禁を持ちかけてきた一〇年秋の時点で、既に、中国は厳格な輸出規制のため、当面のレアアース輸出枠のほとんどを使い切っていた。つまり、李春光が輸出解禁を持ち出したとしても、その時点では我が国への輸出枠そのものが存在しなかったことになる。

一・四億円の使途不明金

李春光が日本の参加放棄を追求したＴＰＰは、その後、米国において、共和党のトランプ政権が登場し、「アメリカファースト」を掲げ、方針が転換される。その主唱国でありながら、民主党のバイデン政権においてもなお米国不在の状況が続いている。

我が国では、安倍内閣が二〇一二年の第二次政権発足後、最初のテーマとしてＴＰＰ交渉参加に取り組んだ。

自民党内でも約半数が反対という状況下、政府与党内で激しい議論が交わされたが、二〇一三年二月のオバマ大統領との首脳会談を控え、安倍晋三内閣総理大臣は相互に貿易上のセンシティビティ（慎重に扱うべき事柄。日本では農産品、米側では一定の工業製品）を除いて議論に参加していくことを決め、オバマ大統領とも合意した。

さらに二〇一六年に一二カ国で合意。一方、前述のとおりドナルド・トランプ大統領就任から程なくして米国は枠組みから離脱。現在は主唱国を除く一一カ国でＴＰＰ11、ＣＰＴＰＰ（Comprehensive and Progressive Agreement for Trans-Pacific Partnership、環太平洋パートナーシップに関する包括的及び先進的な協定）を形成している。

李春光事件は、中国の工作員が我が国に深く入り込み、影響力を行使し、政治工作を展開したものだ。そこでは、機密文書が持ち出されたり、公費支出された日本側事業主体から中国側に約一億四〇〇〇万円ものカネが送金され、使途不明のままとされたりと、政治的には背景も責任の所在も判然としない、極めて闇の深い事件であった。

本件が我が国の政策への影響力行使であるという視点を与えてくれた岡畑氏の、省益や上司への忖度を超えた「国士」としての勇気に改めて敬意と謝意を表したい。

第十二章

特定秘密保護法案に職を賭した

特定秘密保護法案の公聴会が開かれた会場前で法案反対を訴える人たち（共同通信）

一枚の写真がある。そこには田中一穂《かずほ》財務省主税局長（後に財務事務次官、現日本政策金融公庫代表取締役総裁）のほか、今井尚哉政務担当総理秘書官、そして内閣情報官の私が、安倍晋三内閣総理大臣とともに収まっている。

二〇一三年七月二二日、ザ・キャピトルホテル東急の日本料理店「水簾」で撮ったものだ。第二三回参議院議員通常選挙の翌日、安倍総理は午後七時過ぎから永田町の日本料理店で報道各社の政治部長経験者らと二時間近く懇談し、午後九時ごろに駆けつけてくれた。

外務省の林肇内閣官房内閣審議官（現駐英国特命全権大使）を加えた四人――いずれも第一次安倍政権を秘書官として支えた仲間だ――は、野にあるときも機会あるごとに安倍総理を囲んでいたが、この席は総理が我々を労《ねぎら》うために設けてくれた。

その前日、七月二一日に実施された参議院議員選挙で、自由民主党は三一議席増の六五議席を獲得した。参議院での自民単独議席は一一五となり、自公では、非改選と合わせて過半数を上回る一三五議席となった。衆参両院で多数派が異なる不正常な〝ねじれ国会〟はここに解消された。

この選挙の勝利は、第一次安倍政権退陣の引き金となった二〇〇七年の参院選敗北から続く雌伏の六年間に決別し、憲政史上最長の政権へと向かう正に反転攻勢の狼煙《のろし》となった。

「北村、静かにしていろよ」

安倍総理と我々は、屈辱にまみれた敗北のリベンジを果たした高揚感の中にいた。その席で、私には具申すべきことがあった。特定秘密保護法の制定である。

この法律をめぐって、第二次安倍内閣は、後に「人間の鎖」が国会周辺に出現し、内閣支持率が一〇ポイントも下落する事態に直面する。

「民主党政権時代に既に有識者会議の報告書はいただいています。世論の抵抗を考えれば、この法律は、短期決戦、すなわち次期臨時国会での成立を目指すしかありません。手前味噌かもしれませんが、これが成立しなければ総理が目指される集団的自衛権容認への道も開けないでしょう」

大要そのように申し上げた。

国会対策、世論動向に周到な目配りをされていた菅義偉官房長官（後に内閣総理大臣）は、選挙前、安倍総理の意向を受けてのことだと思うが、「北村、今度の参院選が終わるまでは静かにしていろよ。終わったら何をやってもいいからな」と常々仰って、私に釘を刺していた。

そもそも、特定秘密保護法の立法は、どのような問題意識から始まったのか。端的に言えば、日米同盟強化のためである。ではなぜ、日米同盟の強化が求められたのか。それは、隣国の「力による一方的な現状変更」を抑止し、強固な安保体制を整えるためだった。

急伸する経済力を背景に、軍事、外交、経済、技術の面で米国を凌駕しようとする中国の試みが、米国を軸とする世界秩序、就中、東アジア情勢に激変をもたらしかねない。当時から安倍総理と内閣情報官である私は、かかる情勢認識を共有していた。

ただし、そのためには我が方が越えるべき高いハードルがあった。というのも、我が国には、強固な日米同盟の前提となる米国からの情報を受けようにも、そのための十分な情報保全の体制が存在していなかったからだ。

二〇一〇年三月三〇日、日米外相会談で「情報保全についての日米協議」（ＢＩＳＣ：Bilateral Information Security Consultation）の創設が決まった。特定秘密保護法が制定されるまで、米国は、我が国を「情報漏洩に甘い国」と評価していた。ＢＩＳＣ設置の主眼も正にそこにあったのだ。

我が国の情報保全体制に対する米国の不安を決定的なものにしたのは、二〇〇七年一月に発覚した海上自衛隊幹部らによるイージス艦情報漏洩事件だった。この事件では、日米共同ミサイル防衛の要となるイージスシステムに関する情報が、本来情報を取り扱う資格がない者にまで拡散していたことが判明した。

さらに私は、警察で長くスパイ摘発に関わった者にしか味わえない体験をしていた。

スパイを直接罰せられない

警察庁外事情報部長当時、同盟国の防諜機関と、スパイ事件に関する分析検討のための会議に出席したことがある。そこで私は、防諜と情報保全の両面において、世界レベルから大きく後れを取った我が国の現状を思い知らされた。

この会議で、摘発事例をまとめた資料を基に事案の概要、捜査の端緒、ターゲットとなった情報、スパイの接近手口、協力者の抱えていた背景と転落経緯……について説明していたときのことだ。話を進めるうちに、米側参加者の表情に困惑が広がった。

彼らは日本側が摘発した事件の内容に比して、「罪名、罰条」「量刑」が軽すぎるとみていた。ロシアや中国のスパイが日米で狙う情報の重要度に、日米間で大差はない。

例えば、ミサイルの命中精度や潜水艦の潜行深度を左右する技術、情報通信網の脆弱性に関する知識、そして国家の安全保障戦略の解明に役立つ政治外交機密等だ。同盟関係の日米間には、漏洩すれば一蓮托生《いちれんたくしょう》になる機微な情報が多数存在する。

私の説明に、米側の出席者が、たまりかねた様子で尋ねた。

「日本警察が摘発した事件では、そもそも公訴の提起がなされなかったり、スパイ協力者に対する求刑が懲役一年から二年程度だったりすることが多い。判決では執行猶予が付され、釈放されるケースばかりだ。なぜなのか」

私は、「我が国の刑事法には、スパイ行為を直接罰する罪が存在しない。したがって捜査機関は、スパイがその情報を入手するためのプロセスを徹底的に精査し、あらゆる法令を駆使して罪に問える罰条を探し、スパイ協力者はその共犯として立件する」と回答。

形式的な背景説明をしたところで、自国でロシアや中国による死刑や終身刑相当のスパイ事件を日常的に摘発してきた米国機関には、到底理解できるものではない。

米国では、情報を漏らした者はもとより、情報を探知し、盗み出した者を、より重罪とする。量刑は最高で死刑だ。検討会で実際に目にした事件では、終身刑や被告の寿命を遥かに上回る数十年の拘禁刑という事例も散見された。

安倍総理が第二次政権で実現させた主な安全保障政策、「国家安全保障会議・国家安全保障局創設」「集団的自衛権の憲法解釈変更と平和安全法制整備」は、特定秘密保護法と合わせて、いずれも我が国を取り巻く脅威から日本を守るためには日米の安全保障協力が最重要だという問題意識から出発したものだ。そして、情報保全体制の強化という課題は、その中核を占めていた。

安倍総理は、二〇一三年一〇月三日、自民党の石破茂幹事長に法案審議のための特別委員会（NSC特委）の創設を指示した際、特定秘密保護法の意義に言及した。

「日本版NSC（国家安全保障会議）の創設や安全保障に関する情報の保護は重要な課題であり、法案を早期に成立させたい」

二〇一三年、北朝鮮は金正恩体制に入って初となる、三度目の核実験を強行、弾道ミサイル開発と併せて急速な核戦力強化の意欲を隠さなかった。プーチン体制下で多極主義を強調していたロシアは、冷戦終結後の一極主義の維持を目指す米国と対立する「新冷戦」の構図へと、世界秩序の転換を指向していた。

特に中国は、習近平国家主席の登場とともに、国力において米国を凌駕して世界秩序の頂点を目指す野心を蓄えていた。軍事力の急速な増強は、我が国の安全保障にとって脅威となりつつあった。米国は、伸張する中国の脅威と如何に対峙すべきかを考え始めていた。二〇一三年の夏は、我が国の安全保障にとって、そんな季節だった。

中国という地政学的脅威と歴史的に長く対峙してきた日本の、米国国家戦略における重要性は、著しく高まろうとしていた。日本の平和と繁栄を維持するため、日米同盟は異なる次元に進化すべき時期を迎えていたのだ。

国家安全保障局の役割と情報保全の意義

「国家安全保障」という概念は、メディアなどでは「外交」(Diplomacy)と「軍事」(Military)の二つの機能を軸に語られることが多かったが、現在ではこれに「情報」(Intelligence)と「経済」(Economy)を加えた「DIME」という枠で捉えることが主流となっている。

さらに、二〇二二年末に制定された新国家安全保障戦略では、これに「技術」(Technology)が付け加えられた。

中でも情報の収集・分析・提供に当たる「インテリジェンス」の果たす役割は大きい。特に、世界に存在する様々な情報の中から必要な情報――公開も、秘密も含めて――を、「外交」「軍事」「経済」の政策部門を統括する官邸要路に提供するという機能である。

しかしながら、政策決定者(国家首脳)は、政治のプロではあっても、必ずしも特定の政策立案にマッチする情報関心――政策に反映させるべき情報――が何かを正確に認識し、表現し得るわけではない。

そこで、国家安全保障局（ＮＳＳ：National Security Secretariat）の役割が重要になる。ＮＳＳは、内閣情報調査室や外務、防衛、警察、公安調査など情報収集、分析機能を持つ省庁に対し、政策課題に直結する情報の収集、分析を要請。集約された情報（インテリジェンス）を総合・整理し、総理、官房長官、外務、防衛の四閣僚で構成される国家安全保障会議（ＮＳＣ：National Security Council）に提供する。

提供されるインテリジェンスは無論、我が国独自に入手するものに限られない。同盟国や同志国、友好国からの情報も活用される。これらの情報を取り扱うに当たって最も重要なことは、情報の保全（秘密保持）体制の確立だ。

情報保全の重要性を語るとき、私はしばしば情報を〝グラスのジュース〟に例える。

例えば、当方、先方の前にグラスが一つずつあり、それぞれにオレンジとグレープフルーツのジュースが入っている。これを相互に、グラスごと相手に渡す。また、当方の前に空のグラスがあり、ここに先方からジュースを注いでもらい、これに少しフレーバーを加えて返す。情報のギブ・アンド・テイクの原則もこれに類似している。

前者は情報の交換であり、後者は、先方が提供してきた情報に、当方独自の情報や分析を添え、当初の情報から抽出できる新たな可能性を浮かび上がらせて先方に返す。

いずれにしても、その前提は、グラスが同じ強度でなければならないということだ。情報保全の制度が、互いに同水準でないと、情報の交換、共有は成り立たない。

特定秘密保護法の施行で、交換される情報の質・量が格段に上がったことは、我が国のインテリジェンス・コミュニティを総括する内閣情報官として、日々実感してきた。

例えば、イミント（画像情報）やシギント（信号情報）などは、同盟国間で物理的な面も含め情報保全体制を整えた上で初めて共有され得る。貴重な情報資源——それは比較的高価な情報収集衛星システムかもしれないし、高い秘匿性を有するヒューマンリソースかもしれない——を活用して得られた情報を託すのだ。厳重な漏洩防止の仕組みを作って情報の提供国に安心感を与えなければ、そもそも情報を受けることすらできない。

特定秘密保護法は、外交、防衛、防諜、テロリズムという四分野における非常に機微な情報を、最高一〇年の懲役という刑罰法規で守る仕組みだ。これができて初めて、我が国は、国際水準から見て情報交換に耐え得る器を備えた国と認識されるようになるのだ。

日本の決意を米国に表明

参院選翌日の「水簾」での会合を機に、特定秘密保護法の立法作業は動き出した。

早速、二日後の二〇一三年七月二四日には、ＢＩＳＣ担当の米国務省のジェームス・ズムワルト次官補代理（東アジア・太平洋担当）が来日。同氏との会談は、秘密保護法制の必要性を累次要請してきた米国に日本政府の決意を表明する場となった。さらに、九月上旬には、立法作業の合間を縫って米国情報当局と法制の準備状況について協議するため訪米することになる。

法案準備作業に向けた政府・与党の陣容もこのころから整い始める。事務局は、貧弱な体制であったが内閣情報調査室に設置。正に不眠不休の作業の始まりだ。官邸では礒崎陽輔総理補佐官、加藤勝信官房副長官（後に内閣官房長官）が政務の調整を担当することになった。

自民党では、町村信孝元官房長官（後に衆議院議長）が党の「インテリジェンス・秘密保全等検討プロジェクトチーム」（インテリジェンスPT）座長として、党を牽引した。清和政策研究会という最大派閥の長であり、存在感も十分だったが、町村氏は外務大臣時代、我が国のインテリジェンスが法制や人員、予算、システムなどの面で他の西側諸国、就中G7諸国に比べて大きく後れを取っていることを危惧、爾来インテリジェンスをライフワークとされてきた。党内議論を主導し、メディア向けの発信でも、日本記者クラブに出向いて記者会見——事実上、法制に反対する法曹人らとの間の公開討論の趣であったが——にも応じるなど、実に精力的に法整備の必要性を説かれた。

自民党は、幹事長が石破氏、政調会長が高市早苗氏、総務会長が野田聖子氏という布陣の執行部で、それぞれ情報保全の体制整備が急務との認識を共有していた。滑り出しは良好な作業環境で、八月二七日にはインテリジェンスＰＴに法案概要を提示し、パブリックコメント実施の了承も得た。

九月三日から一七日までの一五日間、内閣情報調査室は、パブリックコメントを受け付けた。意見総数九万四八〇件。賛成意見が一万一六三二件、反対意見が六万九五七九件、その他意見が九二六九件だった。組織的なものとみられる同じ文面の反対意見が多数寄せられ、その後の審議の難航を予測させた。

インテリジェンスＰＴは、九月中、法案策定に向け、概ね週に一度というハイペースで開催されたが、議論の進展に伴い自民党内でも反対や懸念の声が出始めた。

一〇月三日に、自民党本部八階リバティ四号室で開かれた閣議決定（一〇月二五日）前のインテリジェンスＰＴでのこと。私は、将来を嘱望されるリベラル志向の衆議院議員から「馬鹿野郎！」と怒鳴りつけられる一幕もあった。場内は騒然、険悪な雰囲気となったが、町村座長が喧噪に割って入る。

「まあ、皆さん色々と意見もおありかもしれないが、あとは事務方に問題意識をお持ちの先生方に説明させることにしましょう。それでは、法案については座長一任ということで、よろしいでしょうか」

「一任」とはかけ離れた雰囲気だったが、この発言で「一任」の流れになった。特定秘密保護法にかける町村座長の気迫の賜と言えた。

一方、法案提出に向けては、連立与党である公明党の合意を取り付ける必要があった。菅官房長官からの指示もあり、早い段階の八月上旬から中旬にかけて、公明党の代表、幹事長、政調会長の下に説明にお伺いするが、反応が薄い。というより、説明をまともに聞いてもらえなかった。法案の細部にわたる検討が進むにつれ、野党の反発やメディアの批判は一層強まることが予想された。その前に、何としても公明党の合意を取り付けなければならなかった。この状態を放置していては、連立与党内で議論が暗礁に乗り上げかねなかった。

そこで、私は、アプローチを変え、創価学会の最高幹部の一人、四十澤朝夫《よそざわともお》（仮名）氏に活路を求めた。

八月二三日、ホテルオークラの日本料理店「山里」で知人を介して最初にお目にかかった。黙って当方の説明を聞いておられた。四十澤氏には、これ以後、都心の事務所を度々訪ね、公明党への働きかけや議論の進め方について助言を受けることになる。

公明党関係では、もう一人、重鎮の理解を取り付けることに成功する。漆原良夫国会対策委員長だ。漆原委員長は弁護士出身。自民党の大島理森《ただもり》元国対委員長とは互いに「悪代官」（大島）、「越後屋」（漆原）と呼び合うなど、自公結束の象徴としても知られていた。

九月四日に漆原委員長に面会した際、ようやく「北村、分かった」と前向きな反応をいただいた。そこで、公明党からの条件を提示されて、それに応える形で議論がかみ合うようになった。こうした経緯を辿って、九月一七日に公明党による第一回の「特定秘密保護法案に関する検討ＰＴ」が開催される。ようやく与党の足並みが揃ってきた。

読売新聞に頭を下げる

次いで、念頭に置いたのがメディアだった。

この法案によって、報道の自由、表現の自由が大きく制限されるのではないか、という疑念が惹起されることは予測できた。

しかし、法案の建て付けとしては、主として公務員、すなわち特定秘密を取り扱う者が、情報を「漏洩」することを刑事罰で禁ずるものだ。取材しようとする者を処罰することを目的とするわけではない。マスコミにはその点を正確に、短期間で認識してもらわねばならなかった。様々な角度から、どのメディアに理解を求めるかを考え、結局、『読売新聞』を選んだ。

読売新聞は、日本ＡＢＣ協会による調査で九〇〇万部超の発行部数を背景として、政官財界への影響力は絶大だった。

私は「水簾」会合から一週間後の二〇一三年七月二九日、知人を介して老川祥一読売新聞グループ本社取締役最高顧問（現代表取締役会長）にお目にかかる。老川氏は主筆代理として、同社の論調を総括する立場にあった。

八月二二日、改めて銀座にある本社（当時）を訪ねた。小田尚《たかし》論説委員長（後に国家公安委員会委員）が同席する前で、私は、日本が置かれている安全保障環境が厳しく、米国との同盟強化が不可避の選択であること、また、同盟強化とは従来の軍事分野のみならず、今後は外交、経済、そして情報での相互協力も必須になることを訴え、特定秘密保護法案の趣旨と概要を一気に伝えた。

そして、「最大発行部数を誇る読売新聞は、どうか反対の論陣を張らないでください」と、あまりにも明け透けではあったが、率直に頭を下げた。

私にとっては、初の体験であり、どのような効果があったのか、正直よく分からなかった。とにかく必死だった。

一方で留意したのは識者たちへの根回しだった。アカデミア（研究者）や法曹人そして財界人らは、新聞や総合雑誌に寄稿などして世論への影響力がある。そうした層の理解を進め、できれば法案の趣旨を前向きに捉えた情報発信をしてもらうことは重要であった。

そこで、八月二二日、ＪＲ東海の葛西敬之《よしゆき》代表取締役会長に面会し、法案について詳細な説明をし、十分に納得をしていただいた。同氏は、『産経新聞』の外部論説欄「正論」や『読売新聞』の外部有識者による大型コラム「地球を読む」で保守的な論考を多数発表し、言論人としての存在感を高めていた。

果たして、『読売新聞』一〇月六日付朝刊の「地球を読む」で、「秘密保護法案　対テロ・安保協力に有益」と法案に賛成の論陣を張ってくれた。その後、法案の必要性そのものは世論に浸透していく。

現実を直視した硬質な賛成論も少なくなかったが、マスコミではやはり警戒論、反対論が支配的で、法案を廃案に追い込もうとするような攻撃的な報道・論調も見られた。法案の行方は予断を許さない状況となる。

一一月中旬（一六、一七日）に実施された産経新聞社とFNNの世論調査では「特定秘密保護法案」が「必要だ」との回答は約六割にとどまった。「必要だ」が八割に上っていた九月の調査から、わずか二カ月で二四・四ポイントの急落。中でも、法案が成立した場合、政府にとって都合の悪い情報について「隠蔽される恐れがある」との回答が八五・一％に上ったのは、衝撃だった。

法律の趣旨や想定効果が、世論にはほぼ理解されていない。それどころか、曲解されている。自身の無力を嘆いたが詮無いことだった。

廃案の際は職を辞する

そのころ、私は、法案が成立せず、廃案となった場合には、内閣情報官の職を辞すると決めた。

今次国会で成立しなければ同種法案は今後も通らないだろう。この法案の議論に入ってから、六割台半ばで推移していた安倍内閣の支持率は一〇ポイント前後も下落した。安倍総理は、その点については一言も、一度たりとも私に質《ただ》すことはなかったが、内閣の政治資源をこれだけ使って廃案の憂き目に遭えば、その責任を取って去るしか道はなかった。

国会での調整は、二〇一三年一一月一八日に自民公明の与党と、みんなの党が修正協議で合意したことで最初の山を越えた。この合意は、一二月五日の自民党、公明党、日本維新の会及びみんなの党の実務者による「四党合意」に結実し、その後の法律の運用のあり方を決めることになる。

当該合意は、ＮＳＣ特委・与党筆頭理事として法律制定に奔走された自民党の中谷元氏（後に防衛大臣）、公明党の大口善徳氏（後に公明党国会対策委員長）の尽力によるところが大きかった。

国会の審議が進むにつれ、世論も反対論に沸いた。やはり、新聞を中心とするメディアの反対攻勢が世論を引っ張る。『朝日新聞』『毎日新聞』『東京新聞』の紙面は日増しにエスカレートし、法案が成立すれば、まるで日本は恐怖政治が支配する国となるかのごとき印象操作が目に余った。

新聞の論調が有識者を刺激し、有識者は法案反対イベントで世論をさらに喚起、それをテレビが伝えて反対論が「拡大再生産」された。

例えば、「『危険な法案』『戦前を連想』学者ら、シンポで廃案訴え」(『朝日新聞』一一月二五日付朝刊)では、ジャーナリストや学者らが問題点を話し合ったとして、こんな議論が紹介されている。法案の性格について、「言葉遊びでなく、新たな『治安維持法』になりかねない」。公安警察の権限が強まる懸念があるとして、「身近な情報が思わぬ機密になりかねない。戦前の内務省を思わせる」……。

また、「映画人ら２６９人『反対』　宮崎駿監督も、吉永小百合さんも」(『朝日新聞』一二月四日付朝刊)では、「『知る権利』を奪い、『表現の自由』を脅かすことになりかねないこの法案は、とても容認することはできません」とする声明を紹介。監督等は口々に「戦前、戦中の日本に戻らないように、粘り強く抵抗していくほかありません」。同じ声明を取り上げた『毎日新聞』(一二月四日付朝刊)は、著名な監督の「東アジアの平和のために自由な国でいなければならない」という反対メッセージを紹介していた。

反対報道に最も〝工夫〟をこらした『東京新聞』（一二月七日付夕刊）は、法の施行で「集会での質問には処罰」があり、「秘密関与で個人情報調査」を受け、「市民生活」は「息苦しく」なるのだと主張した。

そうした報道の影響もあってか、「滋、世の中を暗くしないでおくれ」と実の母からも小言を言われる始末だった。

国会議事堂周辺には「人間の鎖」と称して多数の人々が集結し、反対を唱えた。それでも法案は、一一月二六日に衆院を通過し、一二月六日に参院で可決され成立した。

「治安維持法の原本を見せてくれ」

成立後の大仕事は、法律の運用基準の策定、特定秘密の指定、適正評価の実施についての諮問機関、言わば法施行の番人とも言える「情報保全諮問会議」の座長の選任であった。

高い見識を持ち、我が国の「言論・表現の自由」と「情報・国益」をめぐる歴史に一家言あり、発言において政官財界への説得力をもつ人物……。そのような言論人に是非とも就任してもらう必要があった。最初にお願いに行った方には、「私は新聞の現役を退き、論説に与らない立場」だから、と言下に断られた。

構成員候補にも次々に辞退され、座長選定が見通せない中、我々には後がなかった。総理執務室で安倍総理と重苦しい雰囲気の中で向き合っていると、総理が「今度お目にかかる機会があるから、僕が渡邉恒雄主筆（読売新聞グループ本社代表取締役会長・主筆）にお願いしてみよう」と仰った。

程なく、どのようにお願いされたかは詳《つまび》らかではなかったが、「ご了解をいただいたよ」とのことだった。安倍総理でなければ不可能な大技だった。

私は、事務的に座長就任の手続をお願いするために、渡邉主筆の下にお伺いした。一九九七年、渡邉主筆が行政改革会議の委員のころ、関口祐弘《ゆうこう》警察庁長官（当時）とともに会見したことはあったが、差しでお目にかかるのは初めてだった。渡邉主筆はこちらを一瞥すると「北村君、少し確認したいことがあるのだが」と口を開き、こんなことを仰った。

「治安維持法の原本を見せてくれ」

私はその場を一旦辞去して国立公文書館で原本全部の複写を取り、渡邉主筆に直ちにお届けした。

二〇一四年一月一七日、午前一一時。総理官邸エントランスをエスカレーターで降りた左側、二階小ホールで、情報保全諮問会議の第一回会議は開催された。普段は取材に現れないラジオ放送局まで加わり、ただならぬカメラの放列が敷かれ、私が官邸で目にする最大級の取材陣だった。

安倍総理の挨拶に続き、渡邉座長が口を開いた。

「特定秘密保護法については、読売新聞の社説でも、多少の条件は付けるが、賛成である。また、治安維持法の復活であると一部のマスコミや、本法の反対者が声高に主張しているが、治安維持法の下での特高警察及び憲兵による恐怖政治を実体験した最後の世代が自分である。治安維持法は、広範な拡大解釈の余地を残す悪法であったが、特定秘密保護法は極めて明確で、二重、三重に拡大解釈の濫用を縛ってある」

渡邉座長は、過去のスパイ事件には新聞記者が絡んだものもあると言及。「今後、不必要に拡大解釈をして言論報道の自由を抑制することはあってはならないという視点からも、報道界に身を置く者として、必要な主張をさせていただく」と、極めて明快で公正な取り組み姿勢を示された。

国家の存立そして国益のために

安倍総理は、『安倍晋三回顧録』の中で、特定秘密保護法の成立過程で治安維持法の再来だと批判が出たことについて、こう振り返っている。
《特定秘密保護法が治安維持法と全く関係なく、無意味な批判だったことは、その後の日本の状況を見れば分かるでしょう》
《罰則も、国家公務員法で懲役一年以下だったり、自衛隊法で五年以下だったりと、整合性がとれていなかった。だから最長で一〇年、諸外国と同じ水準に合わせただけなのです。秘密を守るレベルを上げて、初めて海外から情報が入ってくる。で、実際に格段に情報収集できるようになりましたから》
ロシアのウクライナ侵略に当たって、米国の情報資産を用いたインテリジェンスがウクライナの作戦や戦略を支えたことを、我々は強く認識すべきだ。
情報は、時に人命を守り、各領域の安全保障の優劣を決し、国運を左右する。
外事警察は、かかる情報を国家の存立そして国益のために収集し、保全し、活用に資する「インテリジェンスの闘い」の常に最前線に在る。

あとがき

国家の存立及び国益と不即不離の関係にある外事警察については、警察在職中から学問的にも興味があり、我が国が近代国家としての体裁を整えて以来の外事警察の歴史を、戦前、戦中、戦後の連続と非連続という観点から「外事警察史素描」（『講座　警察法　第三巻』立花書房二〇一四年三月刊所収）という論文にまとめたことがある。

四〇年以上に及ぶ公務員生活の中で、外事警察及びインテリジェンスとの関わりは長く、内閣情報官及び国家安全保障局長の任期を含めれば二〇年にも及ぶ。「外事警察史素描」は、制度の変遷の骨格を中心にまとめた、言わば外から見た「外事警察」のデッサンに過ぎなかった。

一方、在任中から長年様々な任務を遂行した自らの視点で外事警察をインサイダーとして語ることはできないかと常々考えていた。それは、後人に自らの希少な経験を伝承することにもなるし、事件や事象の歴史的意義を検証することにもつながると考えたからだ。

幸いなことに、月刊「文藝春秋」の新谷学編集長（現・取締役文藝春秋総局長）から執筆を勧められ、二〇二二年六月号から二三年八月号まで、断続的ではあったが、「外事警察秘録」（全一二回）として、特定秘密保護法の制定までを一区切りとする貴重な連載の機会をいただいた。本書は、基本的にそれらをまとめたものである。

また、連載中の二〇二二年七月八日に安倍晋三元内閣総理大臣に対する銃撃事件が発生した際には、急遽連載を中断して「追想・安倍晋三内閣総理大臣」を同誌に寄稿した。警察・官邸勤務を通じて職務上関係が深く、八年九カ月にわたり傍でお仕えした安倍総理への追悼の気持ちを込めて、本書には同稿を特別付録として収録している。

法令上、また、職務倫理上の制約もあり、外事警察について著せることには限りがある。本書に収められた事象の多くは、既に事件として検挙され、さらには司法手続も終結するなど、報道その他の公開資料も豊富に存在する。本書の記述に際しては、そうした数多《あまた》の文献、資料を大いに参照させていただいた。

また、本書は実録的な体裁を取るものであり、記述の客観性と正確性には十分留意したが、職業倫理上の観点等から、一部登場人物を仮名にするなど表現に配慮を加えている。読者には、その点を何卒ご容赦いただきたい。

本書の出版及びその前段の連載に多大なるご協力をいただいた文藝春秋編集部の中村雄亮氏、編集委員の森正明氏、ストーリー展開について献身的なご協力とご助言をいただいたＹ・Ｏ氏、そして、表紙のデザインの基となる故黒田寛氏の作品「東京タワー」の使用をご快諾くださった黒田いずみ氏に衷心より御礼を申し上げたい。これらの格別のご協力がなければ、本書が世に出ることはなかっただろう。

〈特別付録〉

追想・安倍晋三内閣総理大臣

二〇二二年七月八日「悲報」――奈良県橿原市

それは普段よりはむしろゆったりとした昼時であった。眼下に芝・虎ノ門の街並みを見下ろす赤坂一丁目、高層ビルの最上階、船橋洋一氏との昼食を待つ最中、その知らせは前触れもなく飛び込んできた。

「NHK速報　安倍元首相　奈良市で演説中に倒れる　出血している模様　銃声のような音」（一一時四四分）

目を覆いたくなるような不吉な知らせだった。さらに、「背後から散弾銃のようなもので撃たれた模様」「心臓マッサージ中　ヘリで搬送の予定」「銃器は押収済み」「被疑者を確保」といった断片的ではあるが、衝撃的な情報が次々ともたらされる。

正午前に船橋氏が現れると、着席する間もなくこの事態を告げた。平素は冷静で論理的な彼には珍しく、「国家にこれほど大きな損失はない。日本はいつからこんな恥ずかしい国になってしまったんだ」と一言。怒気を含んだ声だった。

一二時三七分、盟友、ロバート・オブライエン前米国国家安全保障担当大統領補佐官より電話が入る。心のこもった見舞いの発言の後、この事態をトランプ前大統領に直接面会して伝えると話していた。「安倍総理の回復を心から祈っている。彼は、日本のみならず全インド太平洋地域において屹立（towering）した指導者であり、米国の真の友人だ。神のご加護が彼の回復をもたらしますように」とメッセージにあった。

人づての情報に右往左往し、遠くで為す術を知らない自分が正直言ってもどかしかった。安倍晋三元内閣総理大臣（以下「安倍総理」という）の危急存亡の事態に一メートルでも、一センチでも物理的に近づくことが長年お仕えした自らの務めだと悟った。搬送先の情報を求めたが、なかなか要領を得ない。

ようやく橿原《かしはら》市所在の奈良県立医科大学附属病院であることが判明する。失礼ではあったが、食事もそこそこに「これから病院に行ってきます」と船橋氏に告げた。「君なら当然そうすべきだ」と背中を押してくれた。

品川駅に向かうタクシーの中で安倍総理の安否を気遣うプロデューサーの残間里江子氏からの電話。「これから奈良に向かう」「あなたならそうしなきゃね」。船橋氏と全く同じ反応だった。

一三時一七分発の「のぞみ35号」に乗り込むと、気持ちが少し落ち着いた。「この『のぞみ』が安倍総理の強力な磁場に引き寄せられている」。そんな錯覚のなせる業だった。「ひょっとしたら総理と言葉を交わすことができるかもしれない」などと淡い期待を抱いたりもしたが、そんな期待は現地到着後に裏切られることになる。

新大阪駅から橿原まで車でどのくらいかかるか見当もつかなかったが、行程は順調だった。車中、今井尚哉内閣官房参与から連絡が入る。橿原市に向かっていると告げると、昭恵夫人と菅義偉前総理もまたこちらに向かっていることを教えてくれた。

彼は、これから生ずるであろう安倍事務所としての仕事を中核となって引き受ける覚悟でいた。奈良の病院における事務は、私に委せたということなのであろう。官邸で勤務していたときから、いつもそうだった。長く話し合わなくとも、事態に応じて二人が安倍総理のためにそれぞれ何をすべきかは自ずと分かっていた。それは、今回も同様だ。

一六時三〇分過ぎに橿原市の病院に着くと、既に清和政策研究会（安倍派）から派遣された塩谷立《しおのやりゅう》会長代理、西村康稔事務総長が到着して昭恵夫人の到着を迎える態勢にあった。私もその列に加わり、夫人が到着すると、安倍総理との対面。そして一七時〇三分、奈良県立医科大学附属病院の総力を挙げた、医師らの懸命の施術にもかかわらず死亡が確認された。

安倍総理は、さぞかし無念ではあったであろうが、予想以上に安らかなお顔で、それが唯一の救いだった。

GDP、財政規模、防衛力、こうした「有形資産」では換算できない国の価値を、二一世紀を通じて安倍総理は政治家として積み上げてこられた。その国家が蓄積した莫大な無形資産の多くが、卑劣な兇弾とともに消滅した瞬間でもあった。

一九八九年四月二六日「出会い」——警視庁本富士警察署管内

一九八九年四月一八日朝、普段、物静かで、温厚な及川勝彦警備課長が、幾分緊張した面持ちで署長室に入ってきた。

「安倍晋太郎自由民主党幹事長が、管内の順天堂医院に入院されることになりました」

「お加減が優れないのかな。大物幹事長だから、警察としてもそれに応じた対策を講じておく必要があるね。あそこの病院は警備上の措置にも慣れているから比較的安心だけど。ただ、現在の政局や『安竹』の関係を考えると総理警護が増えるかもしれないな。また、忙しくなるね」。その場は、それだけだった。

一九八八年六月の朝日新聞横浜支局発の記事に端を発したリクルートによる未公開株譲渡・献金問題は、燎原の火のごとく政財界を席巻し、当時の竹下内閣を大きく揺るがしていた。緊迫した政局下での総理警護。それを思うと、自らが緊張していくのが分かった。

一九八九年四月二六日朝、定例の報告を受けた後、警察署沿いの歩道を背に、署長室で執務をしていた時のことだ。

「総理警護入りました。程なく官邸を出発するそうです」。とるものもとりあえず、警察署長の普段着の制服を私服に着替え、受令機のイヤホンを耳に突っ込みながら、順天堂医院の現場へ。「既に、院内の配置ポイントは決定済み。管理者対策終了。VIP用動線も確定。その余の対策は現在実施中の警備諸対策に包含」。頭の中で警備対策の骨子を復唱する。

遠目には、あたかも黒い鳥の一群れがごとき総理車列。神田川を越え、その群影を現すと瞬く間に、医院玄関に進入してくる。磨きをかけた黒の車体が陽光を照り返している。

屈強な男たちが竹下登総理を取り囲むように足早にエレベーターへ。遅れることのなきよう、言葉を交わすこともなくこれに続いた。

順天堂医院、白の回廊を歩きながら、竹下総理を背後から見つめていた。青白い肌から透ける血管、映像で見るより瘦せた後ろ姿。竹下総理が安倍幹事長の病室に消え、暫しの静寂の時が流れる。及川課長が後ろから袖を引いて、耳元で囁いた。

「安倍幹事長の秘書で、御子息がお見えです。奥様も御一緒です」

当時代議士ですらなかった安倍総理と昭恵夫人との最初の出会いであった。

「順天堂医院の警備を担当しております、本富士警察署長の北村です。何か不都合等ありましたら遠慮なくお申し付けください」

「色々とお世話になります」

政界のサラブレッドであるにもかかわらず、深々と頭を下げた礼儀正しさが深く印象に残っている。そして、テレビ等でその後、安倍総理を見る度に、また、今でも思い出す言葉が、正にその時浮かんだ。「この人は、政治家として自分とは全く異なる人生を歩むのだろう」。しかし、後年、八年九カ月という憲政史上最長の全在任期間にわたり、日本国の内閣総理大臣として、自分自身が傍でお仕えすることになるとは予想だにしていなかった。

駆け出しの若き警察署長は、この日が人生にとってどれほどの意義を持つこととなるかを、未だ知らず、一仕事終えたという安堵を胸に、総理車両の明滅する青いテールランプを眺めていた。

二〇〇七年九月二六日「失意」――皇居

二〇〇七年九月二五日、第一次安倍内閣は総辞職した。安倍総理は、潰瘍性大腸炎を悪化させ、同月一二日に辞意を表明し、翌一三日から慶應義塾大学病院に入院されていた。

内閣総理大臣秘書官（以下「総理秘書官」という）として危機管理を担当していた私は、慶應義塾大学病院との連絡調整を担当することとなり、この二週間、病院と官邸とを往復する日々が続いていた。当時は安倍総理の病室付近の空き室を拠点にしていた。昭恵夫人をお見かけしても、涙に暮れられていることが多く、あまり慰めの言葉をかけることもできなかった。

前日の辞表取りまとめの閣議を終え、二六日は八時三〇分より福田康夫内閣総理大臣の親任式である。六時四五分、モーニング姿で慶應義塾大学病院に安倍総理を出迎えに伺った。警察出身の総理秘書官は宮内庁を担当し、平素は内奏等の関係で宮内庁長官と連絡を取り、宮中行事には必ず同行した。約二週間の入院生活で、安倍総理の病状は最悪の状況は脱しつつあったが、めっきり体重が減り、体力も消耗されているように見えた。

親任式とは、天皇陛下が内閣総理大臣を任命する儀式である。皇居新宮殿「松の間」において執り行われる。衆参両院議長が侍立し、天皇陛下から任命する旨のお言葉があった後、前内閣総理大臣から官記（任命書）が伝達される。安倍総理としては、内閣総理大臣として最後の仕事だった。

平素の認証式等で総理秘書官は一階の控え室で待機し、儀式を終えるのを待つのが慣例だ。しかし、この日は違った。皇居新宮殿に到着すると、警察庁から出向している宮内庁坪田眞明総務課長に「安倍総理の健康状態を考えると、万が一を想定して、式場直近で待機したい」と申し入れ、二階の「松の間」付近で待機することが許可された。

この申し出は本意でもあったが、実はそれよりもむしろ、安倍総理の内閣総理大臣として最後の仕事をこの目で見届けたいという気持ちが強かった。親任式は、厳かな雰囲気のうち、無事に終了した。

戦後最年少の宰相として世間の注目を一身に集め、一年で辞任を余儀なくされた無念。我々の心中とは裏腹な雲一つない秋晴れ。九時過ぎ親任式を終えた帰りの車中、安倍総理と私を乗せたセンチュリーは皇居の乾門《いぬいもん》を出ると、代官町から首都高に入り、滑るように速度を上げる。

総理秘書官在任一年、政治に口を差し挟むようなことは一切なかったが、この時しかお伝えすることはできないと考え、思いの丈を申し述べた。

「一九四六年、フランスでド・ゴールがレジスタンスで共闘した共産党等との連立政権を離脱し、大衆運動に身を投じた後、五八年に第五共和制を打ち立てるまで、一二年余の歳月を要しました。ミッテラン社会党政権は、彼の独特な政治的才覚により、かろうじて二期一四年間続きましたが、八一年社会党・共産党共闘で多数派を形成した同政権が総選挙で敗北し、最初にド・ゴール派等の保守とのコアビタシオンに移行したのは、革新政権成立五年後の八六年のことです。世論・思潮の変化には、勿論一定の時間は必要ですが、それは必ず訪れるのが世のならいです。真に国民と国家の利益を希求する政治勢力が澎湃《ほうはい》として沸き起こり、再び政権を奪取されることを強く願っております」

安倍総理は、どのような受け止めをされたかは定かでないが、黙って聞いておられた。そして、この失意のどん底から五年余、国際政治学者スタンレイ・ホフマンが「政治の芸術家」と呼んだド・ゴールの半分以下の期間で政権への復帰を果たすのである。

二〇〇八年八月六日「再起」——ANAインターコンチネンタルホテル東京

二〇〇八年八月六日、第一次安倍政権時代、側近で最年長であった長谷川榮一中小企業庁長官から連絡があった。米国にいた外務省の林肇氏を除いて、田中一穂氏、今井尚哉氏、そして私、事務の前総理秘書官がANAインターコンチネンタルホテル東京の一室に集まった。

安倍総理は、同年の文藝春秋二月号で独占手記「わが告白　総理辞任の真相」を公開し、内閣総辞職に至る顚末を明らかにしていた。また、四月一一日には、その後マスコミ等でも有名になる「高尾山登山」を行い、徐々にその姿を世間に現し始めていた。

この日の主たる議題は、安倍総理がどのような形で政治活動を再開するかということだった。個人的には時期尚早ではないかとも考えたが、A４三枚の資料を用意した。役所の紙ではないので、比較的自由に書いている。

そこに記載した政治理念の項目では、①「日本人が共有する価値の護持者」として、家族、国土（領域・自然・環境）、文化、伝統（歴史、皇統）を護るべきこと、②「保守主義の体現者」として、ⅰ理性より感性、ⅱ世界主義（universalism）より国民主義（nationalism）、ⅲ物質より精神、ⅳ結果平等より機会平等、ⅴ思弁より行動を重んずべきこと、③「保守思潮の主導者」として、保守論客との交流、保守論壇への発信、主義主張を同じくする者による組織の形成（結社は利益共同体から思想共同体へ）を進めるべきこと、④「保守大衆団体の形成」として現場・草の根の目線による運動を展開すべきことを提案した。ド・ゴールが在野にあったころの政治姿勢に影響を受けた提案であることが看取できる。

政策的課題の項目では、①安全保障、②インテリジェンス、③地方自治、④司法・法務、⑤治安・警察、⑥災害・危機管理等の総理秘書官時代の分掌について比較的詳細な提言を記載した。

結局、この日は、これといった結論も出ずに終わったが、安倍総理が政治活動を再開する気配が感じられて、とても嬉しかった。程なく、長谷川氏から「我々が提出した書類に総理はつぶさに目を通された」との連絡が入った。

二〇一二年一二月一六日「復活」――ザ・キャピトルホテル東急

自分でも大層意外なことであったが、私は、二〇一一年一二月二七日から民主党野田内閣において内閣情報官に任命され、務めていた。

一方、安倍総理は、二〇一二年九月に行われた自民党総裁選挙に立候補し、第一回投票では議員票五四、党員算定票八七といずれも二位、合計でも二位であったが、石破茂氏との決選投票を一〇八対八九の僅差で制し、第二五代自民党総裁に選出された。

さらに、一一月一四日の国家基本政策委員会合同審査会における野田佳彦内閣総理大臣との党首討論において、衆議院解散の言質を取り、一二月四日公示、一二月一六日投開票の第四六回衆議院議員総選挙においては、自民党は公示前勢力から一七六増やして二九四議席の絶対安定多数を獲得し、圧勝した。

同日一八時三〇分、ザ・キャピトルホテル東急「水簾」の特別室で、私は、自民党選挙対策本部を抜け出してきた安倍総理と対面していた。内閣運営の継続性の確保という観点から、内外情勢の概況、我が国を取り巻く安全保障環境について、握り寿司の盛り合わせをつまみながら一時間ほど説明を行った。安倍総理の視線は、選挙結果もさることながら、大きな目標に向けた将来の国家運営を見据えていた。

第二次安倍内閣成立後、新官邸内には民主党野田政権から内閣情報官の任にあった私を更迭すべしとの意見も存在していた。また、その任期が三年を超えたあたりから、出身元である警察庁からも、通常の行政慣行に則って「後進に道を譲るべし」という形で勇退を勧める声が強くなった。

その度に安倍総理は、私を傍に置き、内閣情報官として使うとの判断を下された。このことは、自分の後半人生に背骨を与えてくれた。今でも本当に感謝している。

結局、内閣情報官としての任期は、歴代最長の七年八カ月に及び、第二次、第三次、第四次安倍内閣を通じて六年半余にわたり内外政に関する情報面で内閣を支えることになる。

「総理ブリーフィング」——内閣総理大臣執務室

内閣総理大臣は、政府における最重要の政策決定者であり、その意味においてブリーフィングの準備は、最大限の入念さと慎重さをもって行う必要がある。

一方、常に政策決定者に最新の情報を伝えるという事柄の性質上、素材の提供は直前であり、短時間での頭の整理と素材の大胆な取捨選択が求められる。また、ブリーフィングは、総理の超過密な日程を縫うようにして行われており、与えられる時間は極めて限られている。事象を散文的に説明していたのでは到底時間は足りない。したがって、ある程度予備知識のある対象に、一主題について一言で何を語るかを考える。その上で、それぞれの事項から構成される全体のブリーフィングの展開と流れを大まかに頭の中でまとめることが最も重要である。

第二次安倍内閣組閣の翌日、二〇一二年一二月二七日一五時、以上のような準備をして内閣情報官による第一回の安倍総理への報告（ブリーフィング）を終え、総理室を退出する間際のことであった。「これからも時々報告に来てください」との安倍総理からの指示があった。

それまで、内閣情報官の総理への定例報告は、週一回が慣例となっていた。しかし、「週一回」は「時々」には当たらない。そこで、総理報告を週二回行い、そのうち一回は、インテリジェンス・コミュニティを構成する、内閣衛星情報センター、警察庁警備局、公安調査庁、防衛省情報本部、海上保安庁等の責任者による直接の総理ブリーフィングを実施する機会を設けることとし、安倍総理の了解をいただいた。

新たな形式の総理報告は、二〇一三年一月七日一一時一〇分、下平幸二内閣衛星情報センター所長との合同ブリーフィングを嚆矢《こうし》とする。各省庁による総理ブリーフィングの準備のため、定期的に自分が各省庁の情報担当者と会合を持ち、その省庁がどのような情報を総理に報告するのかを調整した。各省庁からすれば、直接総理に報告する機会が与えられることで、ブリーフィングに対する責任感が生じ、インテリジェンス・コミュニティの一員であるという自覚も芽生えたように思う。

中国の最も古い、また最も優れた兵書である『孫子』の最終章「一三　用間篇」は、間諜、すなわちインテリジェンス・オフィサーの用い方、リーダーと情報部門との関係を説いている。その最末尾は、「故に唯だ明主賢将のみ能く上智を以て間者と為して、必ず大功を成す。これ兵の要にして、三軍の恃《たの》みて動く所なり」という言葉で締めくくられている。

聡明な政治指導者や優れた軍事指導者のみが、知的に優れた者をインテリジェンス・オフィサーに登用し、必ず比類なき大きな業績を収めることができるのである。インテリジェンスこそ作戦行動の基礎であり、全軍がインテリジェンスに基づいて行動するとしている。

安倍総理は、インテリジェンス・ブリーフィングに多くの時間を割いた。その大半は、各種政策の前提となる情勢認識の検証に充てられていた。政策の前提となる事実を重視する、情勢認識をインテリジェンスにより検証するという姿勢が徹底されていた。

国家安全保障機構及び制度の改革

安全保障機構及び制度全体に対する改革は、安倍総理が第一次内閣のころから取り組んできたライフワークの一つといえる。二〇二二年五月の経済安全保障推進法の制定もまた、その延長線上にある政策と言ってよい。

安倍総理は、当該改革の取り組みを、一つ一つ粘り強く進めてきた。第一次内閣では、二〇〇七年一月九日、防衛庁が防衛省に昇格した。また、同年五月には「駐留軍等の再編の円滑な実施に関する特別措置法」(米軍再編法)を成立させている。

国家安全保障会議(NSC)の設置については、国家安全保障に関する重要事項を官邸が司令塔となり、機動的に決定することの必要性をつとに強調され、第一次内閣のころから意欲を示していた。第二次内閣成立後、時を置かずして、二〇一三年一二月に国家安全保障会議設置法を成立させ、NSCを創設し、翌一四年一月には、その事務局として内閣官房に国家安全保障局(NSS)が発足した。

これにより、NSCの政策決定に向け、より綿密な準備が可能となり、意思決定過程の統合も急速に進んだ。従前、安全保障といえば、外務省と防衛省とが個別に対応してきたが、NSS設置以降は、官邸が司令塔となり、これを一体的に進めるようになった。また、政策サイドから情報関心が示される機会が増えたことで、提供すべき情報について各情報機関の理解が進み、情報サイドと政策サイドの連携が深まったことで、政府内の安全保障の位置づけが圧倒的に高まった。

安全保障に関する機密情報の保全を強化するという観点から、特定秘密保護法を二〇一三年一二月に成立させた。安全保障に関わる公務員等が機密情報を漏洩した場合の罰則を強化するものだ。日本が機密情報の漏洩防止を徹底することで、同盟国や同志国との外交、防衛、スパイ、テロに関する情報のやりとりは質量ともに格段に向上した。

また、日本の平和と安全を守るためには、日米同盟による抑止力が何よりも重要であり、我が国に相応しい安全保障上の責任を全うすべきであるとの信念の下、二〇一四年には集団的自衛権の行使を可能とするよう憲法の解釈を変更し、それに基づき一五年九月に平和安全法制（平和安全法制整備法・国際平和支援法）を制定した。自国が攻められた場合に反撃できる個別的自衛権と異なり、同盟国が攻撃された際、自国が直接攻撃されていなくても共同で反撃できる権利が集団的自衛権だ。

それまで内閣法制局は、頑なに「権利は保有するが、行使できない」としてきたが、極東における安全保障環境が厳しさを増す中、同盟国の米国が攻撃されているのを、拱手《きようしゆ》傍観しているわけにはいかない。そんな思いを安倍総理は常にお持ちだった。そして、平和安全法制を通じて、日米両国の軍事部門の相互運用性は格段に向上した。

安全保障が経済・技術分野に拡大しつつある今日、経済安全保障面での各種施策の強化も急務だった。国家安全保障局に設置した準備室は、二〇二〇年四月一日、正式な「経済班」となり、経済安全保障政策を推進する司令塔となった。その一つの到達点が、二二年五月一一日に成立した経済安全保障推進法だ。

特定秘密保護法、そして、平和安全法制の制定に向けた立法過程で、安倍内閣は反対勢力から実力行使を含む激しい抵抗を受け、政治的体力を著しく消耗しながらも、安倍総理の国を想う強い意志でそれをやり遂げた。特定秘密保護法の時は「思想犯の弾圧に用いられる」、集団的自衛権の限定的な行使を可能にする憲法解釈変更の時は「自衛隊は米軍と肩を並べて、地球の裏側まで侵略に行くのか」といわれなき批判を受けた。内閣がポリティカルリソースを極限まで消耗しながらやり遂げることができたのは、「国を守るために不可欠」との安倍総理の強い政治的意志があったからだ。

二〇二〇年一一月「自由で開かれたインド太平洋」構想の帰趨――米軍横田基地将校クラブ

アジア大洋州地域には、世界の約八〇億人の人口の約半分が住んでいる。経済規模が世界二位の中国や三位の日本だけでなく、成長著しい新興国を多く含んでいる。経済はさらに成長するだろう。一方、中国の軍事的台頭、北朝鮮の核ミサイル開発継続など、安全保障環境は厳しさを増している。非常にダイナミズムのある地域だ。

安倍総理はこの状況を見て、日米同盟を基軸に、より多くの同志国、友好国と連携を深めていくことが必要だと考えた。後日、「自由で開かれたインド太平洋」という構想に結実する考え方だ。

「自由で開かれたインド太平洋」構想は、米国から日本、豪州、東南アジア、インドを経てアフリカの東海岸に至る広大な地域、海洋に友好国を増やし、法の支配に基づく自由で開かれた秩序を築くものだ。

安倍総理が着目したのは「未来の超大国」である民主主義国家インドだ。人口は、二〇二三年半ばの推計値では一四億二八六〇万人を超え、中国を上回っている。安倍総理は第一次内閣の二〇〇七年八月、太平洋とインド洋の「二つの海の交わり」と題してインド国会で演説した。

「太平洋とインド洋は、今や自由の海、繁栄の海として、一つのダイナミックな結合をもたらしています。……この（インドとの）パートナーシップは、自由と民主主義、基本的人権の尊重といった基本的価値と、戦略的利益とを共有する結合です。……日本とインドが結びつくことによって、『拡大アジア』は米国や豪州を巻き込み、太平洋全域にまで及ぶ広大なネットワークへと成長するでしょう。開かれて透明な、ヒトとモノ、資本と知恵が自在に行き来するネットワークです。ここに自由を、繁栄を追い求めていくことこそは、我々両民主主義国家が担うべき大切な役割だとは言えないでしょうか」

この安倍総理の演説を聴けば、民主主義という価値観を共有するインドと関係を深め、自由で開かれた国際秩序の下、経済を発展させていくという考えがよく分かる。

自民党が政権に復帰した直後の二〇一二年末、安倍総理は'Asia's Democratic Security Diamond'という論文を公表した。論文では「太平洋での平和、安定、航行の自由は、インド洋での平和、安定、航行の自由と分かちがたいものだ」と主張した。インド国会での演説に触れ、「あれから五年がたち、私が言ったことは正しかったと強く確信するに至った」と述べ、その理由として中国が付近の海に軍事進出していることを挙げ、「南シナ海はますます、『北京の湖』になっているようだ」「二〇〇七年以降、中国の海軍力増強や領域拡張がこれほどのペースで進むとは予期できなかったと、私は自白せざるを得ない」と批判した。その上で、「私は、オーストラリア、インド、日本、それに米国のハワイ州でダイヤモンドを形成し、インド洋地域から西太平洋に広がる海洋広域を保護するために、戦略を構想している」と述べている。

さらに、二〇一四年五月のアジア安全保障会議（シャングリラ・ダイアローグ）では、「アジアの平和と繁栄よ、永遠なれ」との演説を行い、国際法にやどした基本精神の三つの原則を強調した。すなわち、原則その一は、国家は何ごとか主張をなす時、法に基づいてなすべし、原則その二、主張を通したいからといって力や威圧を用いないこと、原則その三が、紛争解決には、平和的収拾を徹底すべしというものだ。安倍総理は、こうして長年にわたり育んできた構想の締めくくりとして、二〇一六年八月、ケニアで開催された第六回アフリカ開発会議（TICADⅥ：Sixth Tokyo International Conference on African Development）で基調演説し、「自由で開かれたインド太平洋」の考え方を提唱した。

二〇二〇年一一月二〇日一一時、当時国家安全保障局長であった私は、米軍横田基地の将校クラブ内の会議室でロバート・オブライエン国家安全保障担当大統領補佐官（以下「オブライエン補佐官」という）と向き合っていた。ケビン・シュナイダー在日米軍司令官、ジョセフ・ヤング臨時代理大使も陪席していた。

オブライエン補佐官は、フィリピン及びベトナムを訪問する機会に横田基地に給油で立ち寄り、協議場所に選んだ。安倍総理は既に退陣されていたが、同年一一月三日に投票が行われた米国大統領選挙の結果を踏まえ、米国の政権交代期において、日米両国の戦略的遺産である「自由で開かれたインド太平洋」構想を如何に維持発展させるかが最も重要な議題であった。オブライエン補佐官は、後任に擬されていたジェイク・サリバン氏に党派性抜きにプロフェッショナリズムをもってこの点をよく引き継ぐと約束してくれた。

さらに、米国の政権交代の直前である二〇二一年一月五日、オブライエン補佐官は、それまで秘密文書であった「米国インド太平洋戦略構想」（United States Strategic Framework for the Indo-Pacific）を突如開示した。これは、日米間で育んできた戦略上重要な政策を、後続の政権に継続してほしいという強烈なメッセージに他ならなかった。

開示文書の前文には以下の記述がある。

「この四年間の日米同盟の成長は、この地域における戦略的アプローチの整合性を高めたという意味で特筆すべきものである。トランプ大統領は、日本が最初に提唱した『自由で開かれたインド太平洋』というコンセプトの戦略性に強く共鳴した。二〇〇七年にインドで行われた演説で、当時の安倍晋三首相は、太平洋とインド洋にまたがる『より広いアジア』、すなわち『自由と繁栄の海、それはすべての人に開かれ透明である』と呼びかけた。二〇一六年、ケニアのナイロビで、安倍首相は、このコンセプトの全体像をさらに明確に示し、アフリカからアジアに至る地域が、『自由、法の支配、市場経済を重視し、力や強制によらず、豊かになる場所』として発展するよう呼びかけた。

二〇一七年、ベトナムのダナンにおいて、トランプ大統領は、安倍首相のビジョンを基に、自由で開かれたインド太平洋を呼びかけた」

報を聞き、早速安倍総理の議員会館の事務所を訪ね、この文書をお見せした。殊の外喜ばれていたことを記憶している。ホワイトハウスが公表したこの一文を見ただけでも、「自由で開かれたインド太平洋」構想において安倍総理の果たした世界規模の役割が分かる。

二〇二一年一月二一日、バイデン政権発足直後、私は、後任のサリバン国家安全保障担当大統領補佐官と最初の電話会談に臨んだ。この場で、「トランプ前政権の構想を引き継ぐのは気が進まないかもしれないが、そうではなく、安倍総理が言い出したものを、米国が取り入れたものだ。政権が交代したら変えるようなものではない。ぜひ維持してほしい」と「自由で開かれたインド太平洋」構想の重要性を訴え、その維持を強く迫った。私との電話会談後、サリバン補佐官は直ちにバイデン大統領と話をしたのであろう。「『自由で開かれたインド太平洋』という考え方を維持する」との返事が来たのは、翌日のことだった。

二〇二二年六月三日「祝辞」——在京フランス大使館

二〇二二年六月三日、私は、安全保障・防衛分野における日本とフランスのつながりを強化すること、とりわけインド太平洋地域における日本とフランスの戦略収斂《しゅうれん》と、両国が直面する新たな安全保障上の諸課題への理解を深めるための二国間協力の実施に貢献したとして、レジオン・ドヌール勲章オフィシエ（l'Ordre national de la Légion d'honneur, Officier）を受章した。

安倍総理には、主賓として乾杯の音頭を取っていただいた。安倍総理は、私との順天堂医院での最初の出会いについて、私が童顔だったせいで警備課長と警察署長を取り違えたエピソードも紹介し、いつものようにユーモアを交えて聴衆を沸かせていた。加えて、〇七年一月九日の防衛省移行記念式典における内閣総理大臣訓示において、草稿を起草した私がド・ゴールの著書『剣の刃』(Le Fil de l'Épée) から引用を行い、それがド・ゴール派出身のジャック・シラク大統領の目にとまり、直後の日仏首脳会談の場で同書の原書を贈呈されたという逸話も紹介された。

『剣の刃』は、若きド・ゴールが著した先見性ある軍事理論書であるとともに、指揮官すなわちリーダーの在り方、指揮、威厳といった点にも言及していた。

訓示の中では、「難局に立ち向かう精神力の人は自分だけを頼みとする。このように自らの方針にのっとり、自己の責任において事を断行する態度は行動に強烈な刻印を押す。……それは決して、……忠告を踏みにじらんとするものではない。彼には、止むに止まれぬ気概と、断行せずにはおれない心の疼《うず》きがあるのである」という部分を引用した。「難局に立ち向かう精神力の人」を安倍総理の姿に重ね合わせていたことは言うまでもない。

シラク大統領から贈呈された原書は、今我が家の書架を飾っている。「難局に立ち向かう精神力の人」は、部下思いの慈愛の人でもあった。

二〇二二年六月一五日「同志の死」──増上寺

葛西敬之東海旅客鉄道株式会社名誉会長は、持病の間質性肺炎の一種である「特発性肺線維症」を悪化させ、四月一一日からNTT東日本関東病院に入院されていた。安倍総理は、二〇〇二年、内閣官房副長官の職にあったころから「四季の会」等を通じて葛西氏とお付き合いを続けられていた。

第一次内閣総辞職後、政治的理由もあり、自宅に引きこもりがちだった安倍総理を二〇〇七年一一月二八日、最初に外の会食にお誘いしたのも葛西氏であった。第二次安倍内閣発足後もお付き合いは続き、自分もその席にご一緒させていただくことも多かった。話題は内外の諸情勢、そして近代日本が辿った歴史と思想に及び、二人の関係は、実業家と政治家との関係と言うよりはむしろ、国を想う同志としてのそれだった。

安倍総理は、葛西氏の病状をいたく心配され、四月一四日、二八日、そして五月一七日の三回にわたりお見舞いをされ、私はそのいずれにも同行した。

その様子を、二〇二二年六月一五日の氏の葬儀における弔辞で安倍総理は、以下のように述べている。

「五月の連休明けの一七日にお伺いしてみると、酷くお疲れのご様子でしたが、私がベッドサイドに顔を出すと、しっかりと目を開かれ、私の手をとり、『お見舞い有り難う。日本の将来を頼みます』と晴れやかな笑顔で仰っていただきました。

以後、『一日も長く、お健やかな日々を』と繰り返し念じておりましたが、二五日の突然の訃報に接し、言葉を失いました。葛西名誉会長は、卓越した経営者であるとともに、真の国士でありました。そして、常に国家のことを考えていらっしゃいました。その方から、最早、国政や日本経済に関するご高見を伺うことができない、そのことが私にとっては、何にも増して辛く、残念なことであります」

「巷間、貴方は、『常人の三倍濃厚な人生を歩んだ』と評する方がいます。しかし、私は、『人生百年時代』と言われる今日、貴方には、日本のために、もっと、もっと、もっと長く生きてほしかった。

しかし、それも今となっては、叶わぬ想いです。

私は、貴方が私の手を握り、正面を見据えて私に語りかけた最後の言葉、そして、その『憂国の想い』を胸に、国家・国民のため国政に全力で邁進することをここにお誓いして、お別れの言葉を締めくくります」

葛西氏が日本の将来を託した安倍総理は、「憂国の想い」を胸に国政に邁進することは最早叶わなくなってしまった。今となっては、安倍総理が弔辞の中で述べた「日本のために、もっと、もっと、もっと長く生きてほしかった」という言葉をそのまま安倍総理に向けて発するしか方途はない。

二〇二二年七月一二日「別れ」——増上寺

読経が終わり、昭恵夫人の御挨拶が始まった。橿原市の病院でも、「信じられない」「夢のようだ」という言葉を繰り返されていた。それは私も同様だった。安倍総理との「別れ」を自分の魂が認めることができないのだ。

「突然の悲報に接し、感情を言葉にできないほど心が傷《いた》んでいます。例えようもない喪失感を埋めるすべが見出しえません。『安倍総理、安らかに』とすら言葉に出せない、乱れに乱れた自分の気持ちを吐露して、お別れの言葉といたします。申し訳ありません」

失礼であったかもしれないが、偽らざる気持ちを述べた通夜・告別式に宛てた私の弔電である。

昭恵夫人は、「主人も政治家としてやり残したことはたくさんあったと思うが、本人なりの春夏秋冬を過ごして、大きな実を付けて、最後、冬を迎えた。種をいっぱいまいているので、それが芽吹くことでしょう」という言葉で締めくくられた。

それを聞きながら、高齢者となった自分は「種」なのだろうか、どのような「芽吹き」をすればいいのだろうかとぼんやりと考えていた。

理想や政治目標の松明を高々と掲げ、日本を導き続けた世界屈指の政治指導者・安倍晋三はもういない。

羅針盤を失った国家を取り巻く厳しい現実が我々の眼前に存在している。

【『外事警察秘録』関連年表】

1970年	3月31日	よど号ハイジャック事件
1972年	2月19日	あさま山荘事件
	5月30日	テルアビブ・ロッド空港乱射事件
	9月29日	日中共同声明発表
1973年	7月20日	ドバイ日航機ハイジャック事件
1974年	8月30日	三菱重工爆破事件
	9月14日	ハーグ事件
	10月14日	三井物産爆破事件
1975年	8月4日	クアラルンプール事件
1977年	9月28日	ダッカ日航機ハイジャック事件
	11月15日	横田めぐみさん拉致事件
	12月	警察庁公安第三課内に「調査官室」設置（後の外事第二課）
1982年	7月14日	レフチェンコ証言
1989年	11月9日	ベルリンの壁崩壊
1991年	12月	ソビエト連邦崩壊
1992年	3月1日	暴力団対策法施行
1995年	1月17日	阪神・淡路大震災
	3月20日	オウム真理教・地下鉄サリン事件
		ルーマニアにて浴田由紀子の身柄を拘束
1996年	12月17日	在ペルー日本大使公邸占拠事件

1997年　2月　レバノンにて国際手配中の日本赤軍メンバー五人（岡本公三を含む）を拘束
7月29日　黒羽・ウドヴィン事件で日本人に成りすましたロシア工作員を国際指名手配
1998年　8月31日　北朝鮮が「テポドン」ミサイル発射
2000年　9月8日　ボガチョンコフ事件でロシア工作員に出頭要請
11月8日　重信房子逮捕
2001年　9月11日　米中枢同時多発テロ事件
2002年　3月22日　シェルコノゴフ事件でロシア工作員を書類送検
9月17日　第一回日朝首脳会談（日朝平壌宣言）
10月15日　北朝鮮拉致被害者五人が帰国
2003年　3月　イラク戦争開戦
2004年　4月　警察庁外事情報部発足
5月22日　第二回日朝首脳会談
11月9日　第三回日朝実務者協議
2005年　10月20日　サベリエフ事件でロシア工作員を書類送検
2011年　3月11日　東日本大震災
2012年　5月31日　李春光事件で中国工作員を書類送検
2013年　12月4日　国家安全保障会議創設
2014年　1月7日　国家安全保障局発足
12月10日　特定秘密保護法施行
2022年　2月24日　ロシアによるウクライナへの軍事侵攻が開始
7月8日　安倍晋三元内閣総理大臣銃撃事件

装丁　番　洋樹
DTP　ローヤル企画
装丁写真　黒田　寛（「東京タワー」より）

北村 滋（きたむら・しげる）
前国家安全保障局長。1956年12月27日生まれ。東京都出身。東京大学法学部卒業。1980年4月、警察庁に入庁。83年6月、フランス国立行政学院（ENA）に留学。92年2月、在フランス大使館一等書記官。その後、警備局外事情報部外事課長、内閣総理大臣秘書官（第1次安倍内閣）、警備局外事情報部長を歴任。2011年12月、野田内閣で内閣情報官に就任。第2次～第4次安倍内閣で留任。特定秘密保護法の策定・施行。19年9月、第4次安倍内閣の改造に合わせて国家安全保障局長・内閣特別顧問に就任。同局経済班を発足させ、経済安全保障政策を推進。20年9月、菅内閣において留任。同年12月、米国政府から国防総省特別功労章を受章。21年7月、退官。22年1月、オーストラリア政府からオーストラリア情報功労章を受章。同年6月、フランス政府からレジオン・ドヌール勲章オフィシエを受章。北村エコノミックセキュリティ代表。

初出 「文藝春秋」2022年6月号～2023年8月号

外事警察秘録《がいじけいさつひろく》

2023年12月10日　第1刷発行
2023年12月25日　第2刷発行

著　者　北村《きたむら》　滋《しげる》
発行者　大松芳男
発行所　株式会社　文藝春秋
〒102-8008 東京都千代田区紀尾井町3-23
電　話　03-3265-1211
印　刷　TOPPAN
製　本　加藤製本
組　版　ローヤル企画

 ISBN978-4-16-391788-7 Printed in Japan